# 野球スコアのつけ方完全マニュアル

日本野球協議会 オペレーション委員会 記録部会／監修
一般財団法人　全日本野球協会 アマチュア野球規則委員会
／責任編集

ベースボール・マガジン社

# はじめに

　野球は「記録」のスポーツです。そのためスコアをつけることが必須となります。一方、数あるスポーツの中で野球のルールブックほど分厚いものはありません。ルールが複雑であるが故に正確な記録（スコア）がつけられているかどうかが非常に重要となります。なぜなら、スコアをつけることができる人の多くが、独自で勉強しているため、記入法だけでなく記録に関する規則の適用、解釈が人それぞれとなり、これまで統一されていないからです。

　そこで、日本の野球界全体で記録に関する規則を正しく理解し、かつスコア記入法が同じになることを目指して、日本野球の記録の専門家で構成される日本野球協議会オペレーション委員会「記録部会」が監修に携わり、全日本野球協会（BFJ）が推奨するスコア記入法をマニュアル化し、ここにご紹介できることになりました。

　本マニュアルの作成にあたり、記録記号およびスコア記入法の統一化が大きな壁として立ちはだかりました。しかし、BFJ のアマチュア野球規則委員会の公式記録部会員が中心となり「BFJ 推奨の記録記号ならびにスコア記入法」として取りまとめることができました。さらに日本野球協議会オペレーション委員「記録部会」が監修することにより、本マニュアル後半の「記録に関する規則の解説」では、日本野球界の記録において日本野球機構（NPB）と BFJ で統一された解釈として掲載することができました。

　日本野球協議会とは、主に野球の普及・振興を目的として 2016 年 5 月に BFJと NPB が合同で立ち上げた会議体です。その中で記録に関する規則の解釈や記録員の育成・指導のため BFJ と NPB の記録の専門家が集う合同作業部会として「記録部会」が置かれています。本書は日本初の〝日本の野球界全体の統一解釈によるマニュアル〟であり、記録に関する規則適用の大きな指針を示すものとしては画期的な内容となっています。

　また本書では、ルールブックには記載されていませんが、各大会ではすでに一般的になっている「タイブレーク制」についてのスコア記入法や記録の取り扱いについても解説しています。また、投手の障害予防として導入が広まりつつある「投手の球数制限」にも対応するため、投球数に関する解釈もいち早く掲載しました。充実した内容となりました本書を是非、ご活用いただければと思います。

2020 年 4 月

全日本野球協会

# Contents 目次

# I スコアブックとは

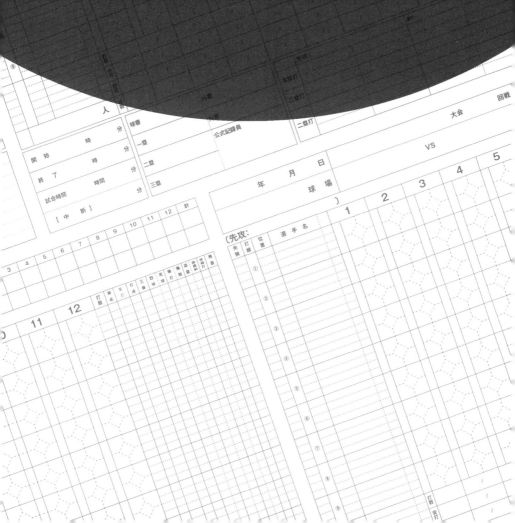

## スコアブックとは

　野球の試合は、まず守備側のピッチャーが投げて、それを攻撃側の９人のバッターが順番に打ちます。守備側はバッターやランナーをアウトにしようとし、攻撃側はアウトになることなく一塁、二塁、三塁を回りホームに還り得点を目指します。そして、より多くの得点を挙げたチームの勝ちとなります。

　スコアシートにはチームの得点だけではなく、野球の基本的な動作である「投げる、打つ、守る、走る」、すなわちボールカウントや打撃結果、アウトにした野手やランナーの動きを数字もしくは記号で記入していくものです。スコアシートがあれば個人記録の集計や試合分析にも活用できますし、野球を楽しむひとつの方法として、スコアをつけながら野球観戦をするのもいいでしょう。

## スコアの歴史

　1872年ホーレス・ウィルソン氏が第一番中学（今の東大）で野球を教えたことが、日本の野球の始まりといわれています。スコアとして残っている古いものでは1896年旧制第一高等学校と横浜外国人クラブの試合があり、当時のスコアは得点者が〇、アウトが×といった至極簡単なものでありました。

　現在、一般的に広く知られているスコア記入法は「早稲田式」といわれるもので、その考案者は飛田忠順氏（1886～1965年）と言われています。『学生野球の父・飛田穂洲（すいしゅう）』と聞けばご存知の方も多いのではないでしょうか。その飛田氏が早大野球部在籍中に考案したとされる記入法が「早稲田式」の原点となっています。飛田氏は早大野球部の初代監督を務め、その後学生野球の普及に尽力し、その功績を称えられ1960年に野球殿堂入りをしています。

　一方、プロ野球の公式記録員が記入しているスコアは「慶応式」といわれていて、1910年に『野球試合記録法』として紹介されています。考案者は当時慶応大の学生で野球部のスコアラーであった直木松太郎氏（1891～1947年）であり、この記録法はプロ野球の公式戦が始まった1936年からずっと変わらず受け継がれています。

## 早稲田式と慶応式の違い

　大きな違いは枠内の補助線。早稲田式にはありますが慶応式にはありません。また塁の位置も異なり、安打の記入法が違うのも特徴のひとつです。守備の集計 (刺殺や補殺) を考えると慶応式の方がシンプルかもしれません。

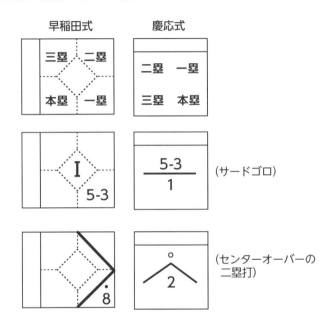

## BFJ (全日本野球協会) 推奨スコアシート

　本書では、一般的に広く知られている早稲田式の記入法を解説していきます。
　BFJには、軟式、硬式を問わず、学童から社会人野球までプロ野球を除く主要な団体が加盟しており、そこで記録される試合のスコアは早稲田式となっています。しかしながら各団体、あるいは記録者によっても独自の記入法が散見され、統一された記入法とはなっていないのが現状です。そこで本書では誰が記録者であっても記録が読み解きやすくなるよう BFJ 推奨のスコアシートおよび標準となる記入法を提示します。

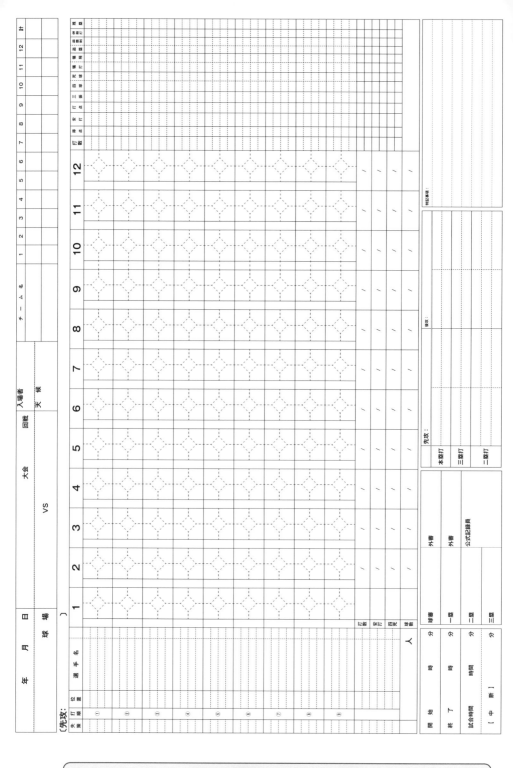

ＢＦＪ推奨スコアシート（表）

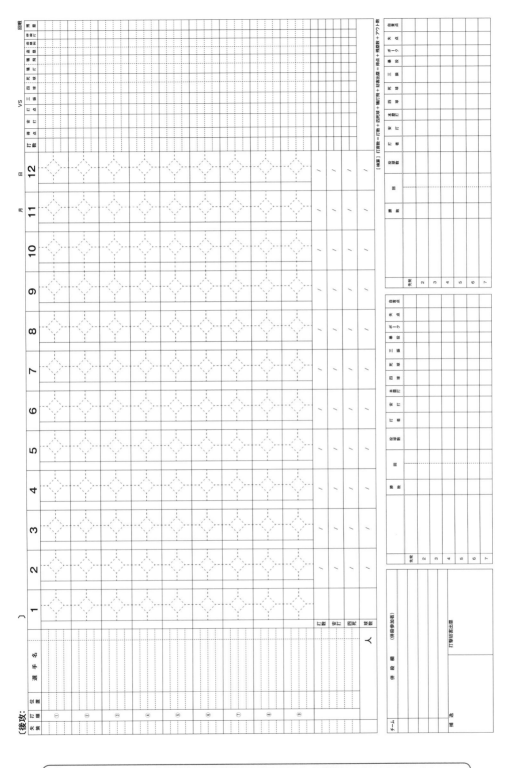

BFJ推奨スコアシート（裏）

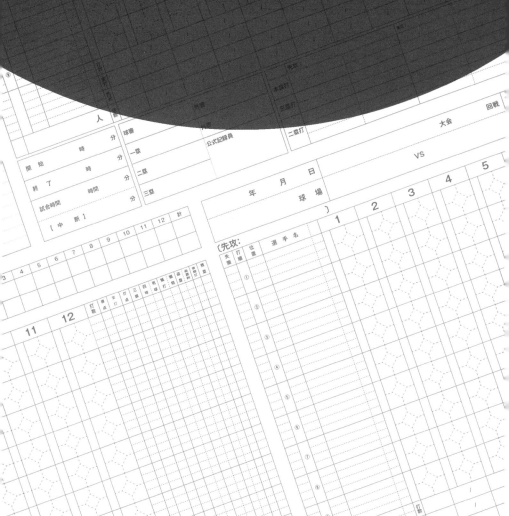

# Ⅱ スコアのつけ方
# 基礎編

## 1　ポジションの表記

| 1 | 投　手…… | P | Pitcher |
|---|---|---|---|
| 2 | 捕　手…… | C | Catcher |
| 3 | 一塁手…… | 1B | First Baseman |
| 4 | 二塁手…… | 2B | Second Baseman |
| 5 | 三塁手…… | 3B | Third Baseman |
| 6 | 遊撃手…… | SS | Shortstop |
| 7 | 左翼手…… | LF | Left Fielder |
| 8 | 中堅手…… | CF | Center Fielder |
| 9 | 右翼手…… | RF | Right Fielder |
| D | 指名打者… | DH | Designated Hitter |

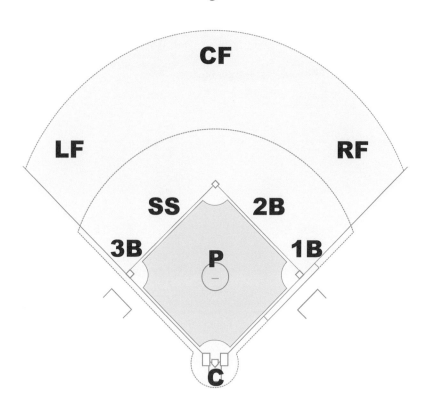

## 2 ベース記号の表記

一塁ベース…… A
二塁ベース…… B
三塁ベース…… C
本塁ベース…… D

ボールカウント記入欄 →

## 3 アウトカウント、残塁、イニング終了の表記

### (1) アウトカウント

1 アウト（一死）　　　　2 アウト（二死）　　　　3 アウト（三死）

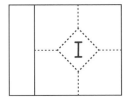 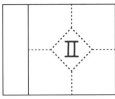 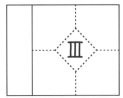

### (2) 残塁の表記

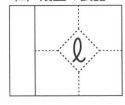

(Left on Base)
（筆記体の小文字のエル）

### (3) イニング終了の表記

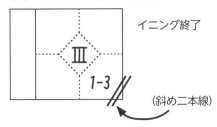

イニング終了

（斜め二本線）

## 4　ボールカウント記号、通常使用する記号一覧

　スコアシートに記入する「ボールカウントおよび記録記号」については、アマチュア野球各団体で使用している記号、その他市販スコアブックに掲載されている記号等、さまざまな記号が存在してます。

　本マニュアルに使用する「記録記号」は、アマチュア野球のスコアがなるべく共通の記号で記入されることを目的とし、『BFJ推奨の記録記号』として掲載しています。

### (1) ボールカウント記号

| 記号 | 意味 | 記号 | 意味 |
|---|---|---|---|
| X | 見逃しストライク | △ | ファウル |
| X | 空振りストライク | ⊿・ | バントファウル |
| • | ボール | X | バント空振り |

### (2) 打撃結果、出塁、進塁の記号

| 記号 | 意味 | 記号 | 意味 |
|---|---|---|---|
| Ⅰ Ⅱ Ⅲ | アウトカウント（ローマ数字） | 5-3 | [ ゴロアウト ] 三塁ゴロ |
| K | [ 三振 ] 記号は「K」 | 3-1A | [ ゴロアウト ] 一塁ゴロで投手がベースカバー |
| K 2-3 | [ 三振 ] 捕手から一塁に送球しアウト | 8 | [ フライアウト ] センターフライ |
| K | [ 三振 ] スリーバント失敗 | F9 | [ フライアウト ] ライトファウルフライ |
| 5-3 | [ 犠打 ] サードへの犠打 | 6 | [ ライナーアウト ] ショートライナー |
| 8 | [ 犠飛 ] センターへの犠飛 | 1-3 | [ バントアウト ] 投ゴロ、バント打球 |
| W | [ 暴投 ] ワイルドピッチ | K w | [ 三振と暴投 ] 三振するも暴投で出塁 |
| P | [ 捕逸 ] パスボール | K P | [ 三振と捕逸 ] 三振するも捕逸で出塁 |
| BK | [ ボーク ] | 4-5T.O | [ タッグアウト ] T.O 二塁手から三塁手へ送球 三塁手が走者をタッグした |
| x-5 | [ 守備妨害 ] x - 走者が三塁手と衝突妨害等 | 6-3A.O | [ アピールアウト ] A.O 遊撃手から一塁手へ送球 一塁手がアピールした |

16

| | | | |
|---|---|---|---|
| | [ 単打 ]<br>ライト前の安打 | 5E | [ 失策 ]<br>三塁手の捕球ミス |
| | [ 二塁打 ]<br>左中間への二塁打 | 6E-3 | [ 失策 ]<br>遊撃手の悪送球 |
| | [ 三塁打 ]<br>右中間への三塁打 | 6-3E | [ 失策 ]<br>一塁手の捕球ミス |
| | [ 本塁打 ]<br>レフトオーバーの本塁打 | 5E-3 | [ 犠打失策 ]<br>犠打と三塁手の悪送球 |
| | [ バント安打 ]<br>三塁前のバント安打 | 1Fc-6 | [ 犠打野選 ] 投手が間に合<br>わない二塁に送球 |
| | [ 内野安打 ]<br>一塁への内野安打 | 2IF | [ 打撃妨害出塁 ]<br>妨害した捕手に失策 |

| | | | |
|---|---|---|---|
| B | [ 四球 ] | DP | [ 併殺 ]<br>6-4　ダブルプレイ<br>6-4-3　トリプルプレイは "TP" |
| IB | [ 故意四球 ] | | |
| HP | [ 死球 ] | | |

| | | | |
|---|---|---|---|
| S✓ | [ 盗塁 単独スチール ]<br>✓は投球にもつける | ( 3 ) | [ 進塁の表記 ]<br>走者を進塁させた打者の打順 |
| DS✓ | [ 重盗 ダブルスチール ]<br>✓は投球にもつける | Fc | [ 野手選択 ]<br>間に合わない塁への送球 |
| TS✓ | [ 三重盗 トリプルスチール ]<br>✓は投球にもつける | OB | [ 走塁妨害 ]<br>妨害した野手に失策 |
| CS✓ | [ 盗塁刺 ] 盗塁の失敗<br>CS 2 - 6 T.O の表記 | ℓ | [ 残塁 ] |

## （3）得点、打点の記号

| | | | |
|---|---|---|---|
| | [ 得　点 ]<br>自責点　（Earned Runs） | | [ 打点あり ]<br>四番打者の打撃結果により得点し、打点を記録 |
| | [ 得　点 ]<br>非自責点 | | [ 打点なし ]<br>四番打者のとき得点するも打点は記録されなかった |

## 打撃結果の表記

### 5　ゴロ・ライナー・フライアウトの表記

#### （1）ゴロアウト

◇ 数字は 守備位置で、「－」は 送球を表す。

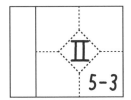

《 サードゴロ 》

◇ サードゴロを捕球後一塁へ送球しアウト、二死となる。

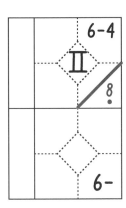

《 ゴロの打球、先行走者を封殺 》

◇ センター前への安打で出塁した走者が、次打者の
　ショートゴロで二塁アウト、二死となった。
　6－4 と送球、「封殺（フォースアウト）」である

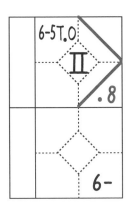

《 ゴロの打球　先行走者をタッグアウト 》

◇ 走者二塁でショートゴロ、二塁走者は三塁を狙う
　も遊撃手が三塁へ送球しタッグアウトにした。
　6－5 と送球、「T.O（タッグアウト）」である

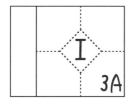

### 《 ファーストゴロ 》

◇ 一塁手が打球を捕り、そのまま一塁ベースを踏み、
アウトにした。

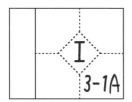

### 《 ファーストゴロ ② 》

◇ 一塁手が打球を捕り、ベースカバーの投手へ送球し
アウトにした。

※ 投手がトスを受け、打者走者にタッグしアウトにし
た場合、( 3-1 T.O ) となる。

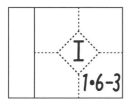

### 《 ゴロの打球 複数の内野手が処理 》

◇ 打球は投手を強襲し遊撃方向へ転がる。
遊撃手がその打球を捕り一塁へ送球しアウトにした。

## (2) ライナー・フライアウト

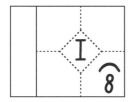

### 《 センターフライ 》

◇ センター「8」の上にフライを表す「⌒」を記入。

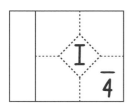

### 《 セカンドライナー 》

◇ セカンド「4」の上にライナーを表す「—」を記入。

### (3) ファウルフライアウト

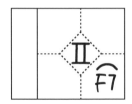

#### 《 レフトへのファウルフライ 》

◇ ファウルを表す「 F 」を 守備位置の前に記入。

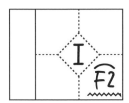

#### 《 キャッチャーへのバントファウルフライ 》

◇ ファウルを表す「 F 」とともにバントを表す「〰〰〰」を下方に記入。

## 6　安打の表記

### (4)【 安打 ( 単打・長打 ) 】

#### 《 単打 》

◇ センター前への安打。守備者「 8 」の下に「・」を記し、センター前の打球であることを表す。

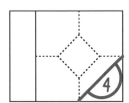

#### 《 内野安打 》

◇ セカンドへの内野安打。守備者「 4 」を内野安打のマークで囲む。

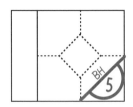

#### 《 内野安打 ② 》

◇ サードへセーフティバントの内野安打。守備者「 5 」を内野安打のマークで囲み、「 BH （バントヒット）」も記入する。

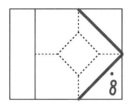

### 《 二塁打 》

◇ センターオーバーの二塁打。守備者「8」の上に「・」を記し、センターを越えたことを表す。

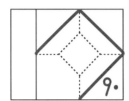

### 《 三塁打 》

◇ ライト線の三塁打。守備者「9」の右に「・」を記し、ライト線の安打を表す。

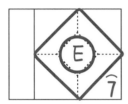

### 《 本塁打 》

◇ レフトオーバーの本塁打
中央に得点記号（この場合自責点あり）を記入する。

## 7 打点の表記

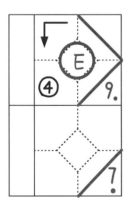

### 《 打点 》

◇ ライト線に二塁打で出塁した走者が、四番打者のレフト前安打で得点。四番打者に「打点」を記録。

※ 打点が記録されたときには、その打者の打順を○で囲む。

## 8　犠打・犠飛の表記

◆ 犠牲バント（Sacrifice Bunt）
　打者のバントで走者を進塁させ、打者は一塁でアウトになったとき。
◆ 犠牲フライ（Sacrifice Fly）
　無死または一死で打者が外野に飛球またはライナーを打ち、外野手もしくは外野まで回り込んだ内野手がこれを捕球後、走者が本塁に達し得点した場合。

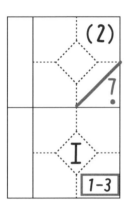

### 《 犠牲バント 》

◇ レフト前安打で出塁した走者が、次打者の投手前バントで二塁に進塁し「犠打」が記録される。

犠打は　□　で囲む

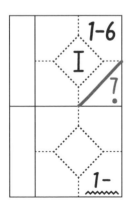

### 《 送りバント失敗 》

◇ 次打者が投手前へ送りバントを試みるが、二塁に送球されフォースアウトになり、打者走者は一塁に生きる。

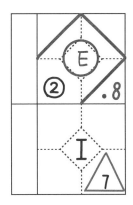

## 《 犠牲フライ 》

◇ 左中間三塁打で出塁した走者が、次打者のレフトフ
　ライで得点し「犠飛」が記録される。

犠飛は　△　で囲む

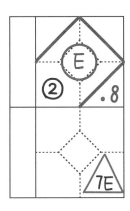

## 《 犠牲フライ② 》

### ～落球した場合の扱い～

◇ レフトフライを左翼手が落球。三塁走者は落球にか
　かわらず得点した。

※ 外野手が捕球仕損じたときに走者が得点した場合、
　仮にその打球が捕えられたとしても、捕球後走者が
　**得点できたと「記録員が判断」すれば、打者に犠飛**
　**を記録する。**

（注意）
　浅いフライで、明らかにその落球（失策）を見て得点
　したと判断したときは、犠飛は記録せず、失策（落球）
　による得点とし、打点もなし。

## 9　三振の表記

**" 三振の記号は「 K 」"**

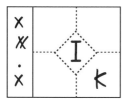

### 《 三振 》見逃し

1 球目、見逃しストライク　　　カウント 0 - 1
2 球目、空振りストライク　　　カウント 0 - 2
3 球目、ボール　　　　　　　　カウント 1 - 2
4 球目、見逃しストライク　　　カウント 1 - 3　三振

※ 三振目の投球内容も記入すること。

※「見逃し三振」と「空振り三振」は、 三振目の投球記号で区別する。

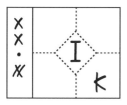

### 《 三振 》空振り

1 球目、見逃しストライク　　　カウント 0 - 1
2 球目、見逃しストライク　　　カウント 0 - 2
3 球目、ボール　　　　　　　　カウント 1 - 2
4 球目、空振りストライク　　　カウント 1 - 3　三振

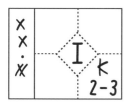

### 《 三振 》

捕手から一塁に送球しアウトの場合

1 球目、見逃しストライク　　　カウント 0 - 1
2 球目、見逃しストライク　　　カウント 0 - 2
3 球目、ボール　　　　　　　　カウント 1 - 2
4 球目、空振りストライク　　　カウント 1 - 3　三振

※ 三振目のストライクを捕手が捕球できず打者が走者
　となったため、捕手から一塁へ送球しアウトとした。

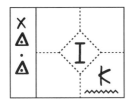

### 《 三振 》スリーバント失敗

1 球目、見逃しストライク　　　カウント 0 - 1
2 球目、バントファウル　　　　カウント 0 - 2
3 球目、ボール　　　　　　　　カウント 1 - 2
4 球目、バントファウル　　　　カウント 1 - 3　三振

※ 三振目（バントファウル）の投球内容も記入する

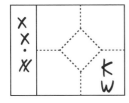

### 《 三振 》三振と暴投

1 球目、見逃しストライク　　　カウント 0 - 1
2 球目、見逃しストライク　　　カウント 0 - 2
3 球目、ボール　　　　　　　　カウント 1 - 2
4 球目、空振りストライク　　　カウント 1 - 3

※ 三振目の投球が暴投となり、打者は一塁に出塁
【個人記録：投手に三振と暴投、打者に三振を記録 】

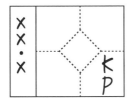

### 《 三振 》三振と捕逸

1 球目、見逃しストライク　　　カウント 0 - 1
2 球目、見逃しストライク　　　カウント 0 - 2
3 球目、ボール　　　　　　　　カウント 1 - 2
4 球目、見逃しストライク　　　カウント 1 - 3

※ 三振目の投球を捕手が逸らし、打者は一塁に出塁
【個人記録：投手と打者に三振、捕手に捕逸を記録 】

(注意)
" 振り逃げ " は バットを振ったか、振らなかったは関係なく、
捕手が 第 3 ストライクを捕球できなければ、" 振り逃げ " の
状態になる。

## 10　四球・死球の表記

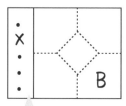

《 四球　Base on Balls 》

1 球目、ボール
2 球目、見逃しストライク
3 球目、ボール
4 球目、ボール
5 球目、ボール　4－1 となり四球

※ 四球目の投球内容も記入、この四球を得たときに進塁に関するプレイがあった場合、✔点で表示等するため

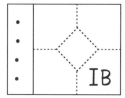

《 故意四球　Intentional Base on Balls 》

1 球目、ボール
2 球目、ボール
3 球目、ボール
4 球目、ボール

※ 申告制の故意四球のときは、投球の記入が不要となる。
（93 ページ参照）

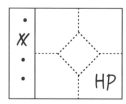

《 死球　Hit by Pitch 》

1 球目、ボール
2 球目、空振りストライク
3 球目、ボール
4 球目、ボール
5 球目　投球が打者に当たり死球となる

※ 四球目となる投球が打者に当たった場合は死球とする

# 11 失策の表記

失策の記録は、攻撃側チームを利する行為をした野手、すなわちアウトになるはずの打者または走者を生かしたり、走者に1個以上の進塁を許すようなミスプレイをした野手に記録する。

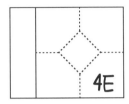

## 《 失策 》捕球ミス

◇ セカンドゴロを二塁手がトンネルまたは弾いて、打者走者を一塁に生かす。
【 守備記録：二塁手の失策 】

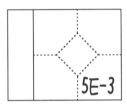

## 《 失策 》悪送球

◇ サードゴロ。三塁手が一塁へ送球するも悪送球となり打者走者を一塁に生かす。
【 守備記録：三塁手の失策 】

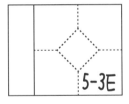

## 《 失策 》受け手のミス

◇ サードゴロ。三塁手が一塁へ好送球するも一塁手が落球し打者走者を一塁に生かす。
【 守備記録：一塁手の失策 】

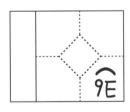

## 《 失策 》フライ落球

◇ ライトフライを右翼手が落球、打者走者を一塁に生かす。
【 守備記録：右翼手の失策 】

## 12 盗塁・盗塁刺の表記

《盗塁》
　投球と同時あるいは投球に先立って走者がスタートし、1個の塁を進んだときには、その走者に盗塁が記録される。
　けん制で追い出された走者が、守備側のミスなく次塁に進んだときもその走者に盗塁を記録する。

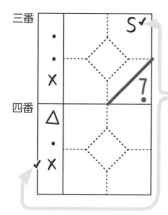

### 《盗塁》 スチール

◇ 三番がレフト前に安打を放ち一塁に出塁
　四番の3球目に盗塁成功。

※ 盗塁時の投球と「S」に ✔ チェックマーク

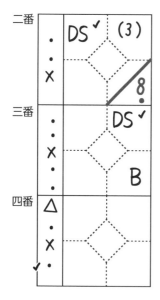

### 《重盗》 ダブルスチール

◇ 二番はセンター前の安打で出塁、三番四球で一・二塁。四番の4球目に重盗（ダブルスチール）に成功し、各走者に盗塁が記録される。
※ 重盗　ダブルスチール　の記号は　DS
※ 三重盗　トリプルスチール　の記号は　TS

※ 盗塁時の投球と「DS」に ✔ チェックマーク

28

《盗塁刺》
　走者が次塁に進んだときに「盗塁」と記録される場合にアウトとなった
ときには、『盗塁刺』が記録される。

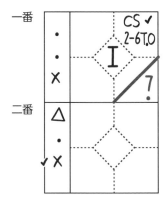

## 《 盗塁刺　Caught Stealing》

◇ 一塁走者が二番の3球目に盗塁を試みるも、
捕手（2）からベースカバーの遊撃手（6）に
送球されタッグアウトとなる。この場合、盗
塁刺を表す「CS」を記入する。

※ 盗塁企図時の投球と「CS」に ✔ チェック
マーク

# 13　暴投・捕逸・ボークの表記

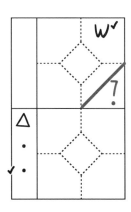

## 《 暴投 》ワイルドピッチ

◇ レフト前安打で出塁した走者が、次打者の3球目
に暴投で二塁に進塁。

※ 暴投した投球と「W」に ✔ チェックマーク

【 投手記録：暴投を記録 】

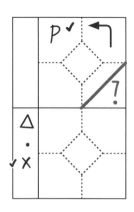

### 《捕逸》パスボール

◇ レフト前安打で出塁した走者が、次打者の3球目に捕逸で三塁まで進塁。

※ 捕逸した投球と「P」に✔チェックマーク

【守備記録：捕逸を記録】

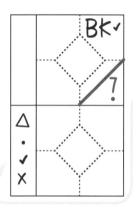

### 《ボーク》

◇ 次打者の3球目を投じたときにボークが宣告され、一塁走者は二塁に進む。

※ 投球していても、ボークが宣告されればノーカウントになるので、この場合は投球と投球の間に✔チェックマーク

【投手記録：ボークを記録】

## 14　妨害の表記

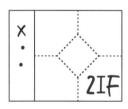

### 《打撃妨害　Interference》

◇ 4球目、捕手が打者を妨害（振ったバットにミットが当たるなど）したため、打者に一塁が与えられる。

【守備記録：妨害した捕手に失策】
【打撃記録：妨害出塁とし 打数 には含まない】

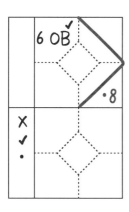

## 《 走塁妨害　Obstruction 》

◇ 二塁けん制で追い出された二塁走者が、二三塁間で挟まれるも、ボールを持たない遊撃手と接触。オブストラクション（走塁妨害）が宣告され走者は三塁へ進む。

※ けん制したときと「OB」に ✔ チェックマーク

【 守備記録：妨害した遊撃手に失策を記録 】

> 《走塁妨害 オブストラクション》
> ボールを持たない野手が走者を妨げたときに適用される。妨害された走者に対しプレイが行われていた場合、ボールデッドとし妨害がなければ達したと思われる塁まで進塁が許される。妨害した野手に失策を記録する。

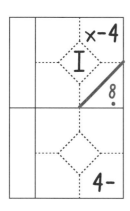

## 《 守備妨害　Interference 》

走者が打球を処理しようとした野手を妨げる。

◇ 打者は、二塁方向にゴロを打つ。打球を処理しようとした二塁手に一塁走者が接触し守備を妨げたため走者アウトとなり、打者は一塁に生きる。

【記録：走者アウトで、打者は打数だけが記録される】

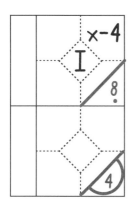

## 《 打球が走者に当たる 》

◇ 打者は 一二塁間にゴロを放つ、
　一塁走者に打球が当たり走者アウトとなる。

※ アウトとなった走者の欄には、「x-」のあとに、その走者の一番近くにいた「守備者」の数字を記入。

【 記録：野手に触れていないフェアの打球が
　　　　走者に触れた場合、打者には安打を記録する 】

## 15　野手選択の表記

《 野手選択 》
　主に、フェアのゴロを扱った野手が打者走者を一塁でアウトにする代わりに、前を走る走者をアウトにしようとして他の塁に送球するも、結果的にアウトが一つも取れなかった場合に記録する。また、野手がボールを長く持ち過ぎたため（ミスプレイではなく）、走者に余分な塁を与えた場合にも野手選択を記録する。

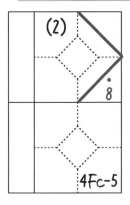

### 《 野手選択　Fielder's Choice 》

◇ セカンドゴロを二塁手 (4) が選択守備で 三塁手 (5) に送球し、結果オールセーフ。

※打者の欄に、野手選択〝Fc〟記号を記入し、進塁した走者には打者の打順を (　) で囲み記入。

## 16　進塁の表記

「次打者の打撃結果により……」

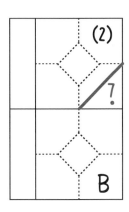

### 《 1 個の進塁 》

◇ 進塁した塁（次塁）に、進塁させた打者の打順（数字）を (　) で囲み記入。

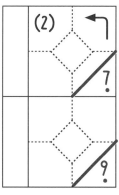

### 《 2個の進塁 》

◇ 次打者のライト前安打で、一塁走者は二塁を回り三塁へ進塁。

※ 通過した塁は矢印を記し、進塁した塁（この場合は三塁）に打順の数字を（ ）で囲み記入。

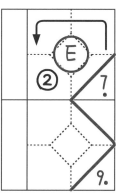

### 《 3個の進塁 》

◇ 次打者がライト線へ二塁打、一塁走者は二塁、三塁を回り 一挙ホームインする。

※ 通過した塁は矢印を記し、進塁した塁（この場合は本塁）に打順の数字を記入。このケースでは打点があるので打順の数字を ○ で囲む。

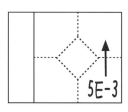

### 《 失策と進塁 》

◇ サードゴロを三塁手が一塁へ悪送球。それを見て打者走者は一挙二塁まで進塁した。

※ 進塁先の二塁には何も記入せず矢印のみ。

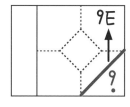

### 《 失策と進塁② 》

◇ ライト前安打を右翼手がファンブルし、二塁への進塁を許す。（1ヒット1エラー）

## 17　連続プレイでの進塁の表記

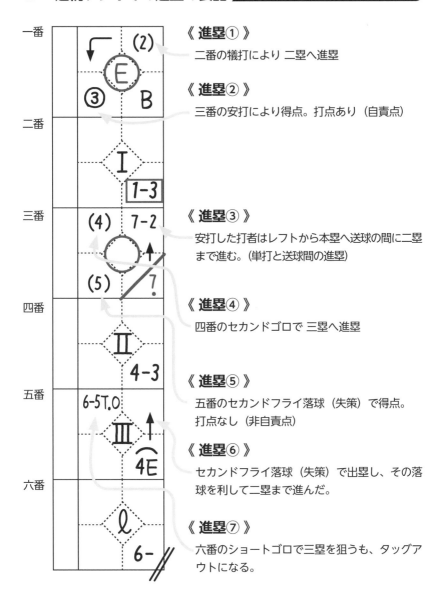

《 **進塁①** 》

二番の犠打により 二塁へ進塁

《 **進塁②** 》

三番の安打により得点。打点あり（自責点）

《 **進塁③** 》

安打した打者はレフトから本塁へ送球の間に二塁
まで進む。（単打と送球間の進塁）

《 **進塁④** 》

四番のセカンドゴロで 三塁へ進塁

《 **進塁⑤** 》

五番のセカンドフライ落球（失策）で得点。
打点なし（非自責点）

《 **進塁⑥** 》

セカンドフライ落球（失策）で出塁し、その落
球を利して二塁まで進んだ。

《 **進塁⑦** 》

六番のショートゴロで三塁を狙うも、タッグア
ウトになる。

# 18 併殺の表記

《併殺》

　ボールが投手の手を離れてからボールデッドとなるまでか、あるいはボールが投手の手に戻って投手が次の投球姿勢に移るまでの間に、途中に失策またはミスプレイ（失策と記録されない）がなく、2人または3人のプレーヤーをアウトにした場合。

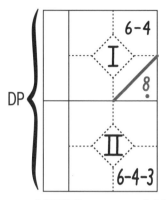

## 《 併殺 》ダブルプレイ

◇ 安打で出塁の走者を一塁におき、次打者はショートゴロ。遊撃手（6）から二塁手（4）に送球され封殺（1アウト）。さらに二塁手（4）から一塁手（3）に送球され封殺（2アウト）。連続するアウトなので併殺となる。

【守備記録：遊撃手、二塁手、一塁手に併殺参加】
【打撃記録：打者に「併殺打」を記録 】
※「併殺打」は打撃記録、「併殺」は守備記録。

“併殺打”　フォースダブルプレイまたはリバースフォースダブルプレイとなるゴロの打球。（70ページ参照）

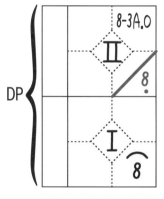

## 《 併殺② 》ダブルプレイ

◇安打で出塁した走者を一塁におき、打者はセンターフライでアウト（1アウト）。一塁走者が飛び出していたので、中堅手（8）から一塁手（3）に送球され帰塁する前にアウトになる（2アウト）。連続するアウトなので併殺となる。一塁でのアウトはアピールアウトなので「A.O」。

【 守備記録：中堅手と一塁手に併殺参加 】
【打撃記録：打数「1」だけ】

“主なアピールアウト”

① 飛球が捕えられた後、走者が再度の触塁（リタッチ）を果たす前に、身体あるいはその塁に触球された場合。
② 進塁に際し走者が塁に触れ損ねた（空過）とき、塁を踏み直す前に、身体あるいはその塁に触球された場合。

## 19　ランダウンプレイの表記

> 《 ランダウンプレイ 》
> 走者を塁間に挟んでアウトにしようとする守備側のプレイをいう。

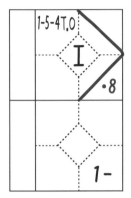

### 《 ランダウンプレイ 》

◇投ゴロで二塁走者が飛び出して二三塁間で挟まれる。投手（1）→三塁手（5）→二塁手（4）と送球されタッグアウトとなる。

※アウトになった場合、そのアウトに関わった野手すべてを記入する。

**【ランダウンプレイ に関する注意事項 】**

ランダウンプレイ中に……

① 野手のミスプレイで走者を生かした（進塁または帰塁）場合、その野手に失策を記録する。

② 野手のミス（不手際）がなく走者が進塁した場合、「野手選択」による進塁と記録する。

③ 野手のミスなく元の塁に戻った場合、記録的にはなにもなかったことになる。

# Ⅲ スコアのつけ方
## 実践編

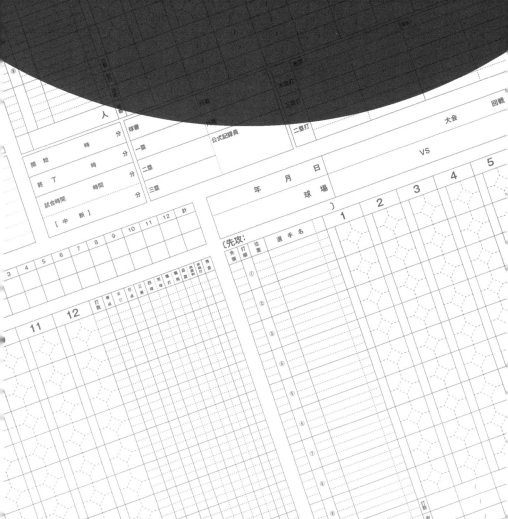

# 1　試合前にスコアに書き込む項目

## （1）先攻チーム　スコアシートへの記入

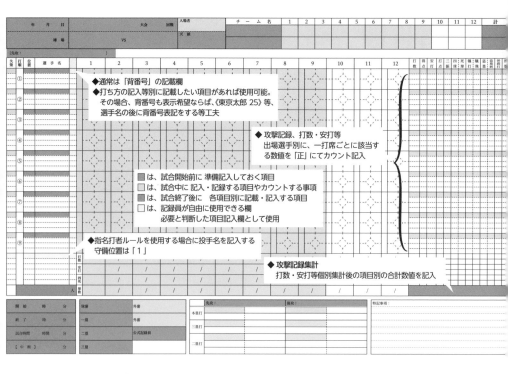

◆通常は「背番号」の記載欄
◆打ち方の記入等別に記載したい項目があれば使用可能。
　その場合、背番号も表示希望ならば、《東京太郎 25》等、
　選手名の後に背番号表記をする等工夫

◆攻撃記録、打数・安打等
　出場選手別に、一打席ごとに該当す
　る数値を「正」にてカウント記入

　■は、試合開始前に 準備記入しておく項目
　■は、試合中に 記入・記録する項目やカウントする事項
　■は、試合終了後に 各項目別に記載・記入する項目
　□は、記録員が自由に使用できる欄
　　　　必要と判断した項目記入欄として使用

◆指名打者ルールを使用する場合に投手名を記入する
　守備位置は「1」

◆ 攻撃記録集計
　打数・安打等個別集計後の項目別の合計数値を記入

**■■■ 赤色表示が開始前記入**

■ 試合年月日　　　　：大会、試合の開催年月日を記入
■ 大会名　　　　　　：大会名、一回戦や二回戦等を記入
■ 会場、球場名　　　：大会を行う会場、または球場名を記入
■ 対戦チーム名　　　：対戦するチーム名を記入
■ 天候　　　　　　　：その日の天候等を記入
■ 先攻、後攻チーム　：イニング欄に、先攻チーム名・後攻チーム名を記入
■ [ 先攻：　　] 欄　：[ 先攻：　　] 欄に、先攻チーム名を記入
■ 先発メンバー　　　：「メンバー交換用紙」から、先発メンバーを記入
■ 審判員　　　　　　：この試合を担当する審判名を記入
■ 公式記録員　　　　：この試合を担当する公式記録員名を記入

## （２）後攻チーム　スコアシートへの記入

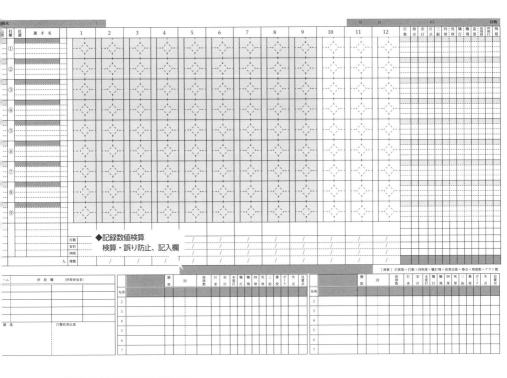

■■■ **赤色表示が開始前記入**

■ 試合年月日　　　　：試合の年月日を記入

■ 対戦チーム名　　　：対戦するチーム名を記入

■ ［後攻：　　　］欄：［後攻：　　　］欄に　後攻チーム名を記入

■ 先発メンバー　　　：「メンバー交換用紙」から、先発メンバーを記入

■ 両チームの投手欄　：先攻チーム名と先発投手名を記入

　　　　　　　　　　：後攻チーム名と先発投手名を記入

## 2　選手交代の表記

◇ 代打　・・・・・Ｈ
◇ 代走　・・・・・Ｒ
◇ 守備交代から出場はポジションの数字を記入
※ 指名打者に代打・代走が出た場合は、ＨＤ、ＲＤと記入
　　　　　（指名打者の代打・代走は、ただちに指名打者を引き継ぐから）

## （1）代　打

| 打順 | 位置 | 選手名 | 背番 |
|------|------|--------|------|
| ⑥ | 8 | 東　京 | 13 |
| | H8 | 千　葉 | 12 |
| | | | |

六番に代打
　そのままセンターの守備に就く。

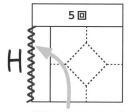

代打で打席に入ったときに記入する。

## （2）代　走

| 打順 | 位置 | 選手名 | 背番 |
|------|------|--------|------|
| ③ | D | 福　岡 | 40 |
| | RD | 愛　知 | 22 |
| | | | |

三番の指名打者がレフト前安打で一塁に出塁したあと、代走で出場しそのまま指名打者を引き継ぐ。

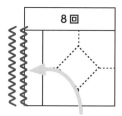

代走で交代した塁を明確にするための波線。

## （3）守備交代から試合出場

| 打順 | 位置 | 選手名 | 背番 |
|------|------|--------|------|
| ⑥ | 8 | 青　森 | 2 |
| | 8（7回） | 宮　城 | 4 |
| | | | |

7回からセンターの守備に就き、8回に打席に入る。

守備からの初打席時に記入する。

## (4) 投手交代

◇ 攻撃側のスコアシート記入

| 打順 | 位置 | 選 手 名 | 背番 | 8回 | 9回 |
|---|---|---|---|---|---|
| ⑥ | 8 | 広 島 | 34 | | |
| ⑦ | 4 | 山 梨 | 15 | ・8 P 秋田 | |

七番打者山梨の時に投手交代
波線を入れ交代時を明確にする。

◇ 守備側のスコアシート記入

| 打順 | 位置 | 選 手 名 | 背番 | 8回 | 9回 |
|---|---|---|---|---|---|
| ⑨ | 1 | 福 島 | 7 | ※投手交代 | |
| | 1(8回) | 秋 田 | 5 | 投手が打順9番に入っている場合 | |
| | | | | ※投手交代 | |
| | | | | 指名打者を起用している場合、投手は | |
| | | | | この欄に記入する。 | |

## 3　試合の終了

### (1)　タイブレーク

> タイブレーク (Tie Break、TB) とは
> 「同点 (Tie) を破る (Break)」ことから、主に時間制限のないスポーツ競技において、同点のとき決着を早めるために用いられる試合方式。

　日本では、試合時間が長いこと、応援団等の入れ替え、試合日程の制約等を受けて、2003 年に社会人野球で採用されたのが始まり。

　現在では、世界大会でも導入されている方式であり、その国際基準に合わせるため「打順は前のイニングから引き継ぎ、無死一・二塁で開始」という方式になっている。

### タイブレーク運用上の注意事項

（1）　延長になれば任意のイニングから始めることができるため、各大会の規定に従う。

（2）　無死一・二塁とし、打者は前の回の打順を引き継いだ打者とする。

（3）　タイブレークランナーは前の回の最終打者を一塁走者、その前を打つ打者を二塁走者とする。

（4）　代打及び代走は認められる。ただし、通常の選手交代と同様に扱う。

　　　　（いったん退いた選手は、その試合に再出場できない）

### 記録の取り扱い

#### 投手成績

（1）　タイブレークランナーが得点したときは、そのイニングのプレイ宣告時に登板していた投手の失点とするが、自責点とはしない。

（2）　完全試合は認めないが、無安打無得点試合は認める。

#### 打撃成績

（1）　タイブレークランナーの盗塁、盗塁刺、得点、残塁は記録する。

（2）　タイブレークランナーの絡んだ打点、併殺打などすべて記録する。

## タイブレーク適用開始時の記入

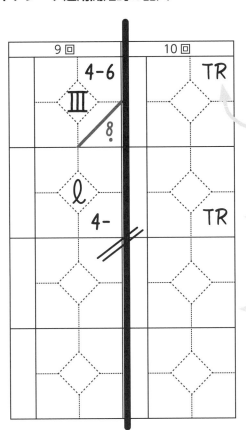

**タイブレークランナー**

走者としての出塁を表すため、「TR」と表記する。

二塁走者となる。

一塁走者となる。

**タイブレークの攻撃開始**

　打者は、前の回の打順を引き継ぐものとする。

タイブレークの開始
イニング左に太線で明記

## （2）　コールドゲーム

### A　点差によるコールドゲーム

5回10点差であったり、7回7点差、など点差によるコールドゲーム。
大会により適用方法は異なる。

### B　天候（降雨や日没など）によるコールドゲーム

5回を完了（注1）した後に、降雨や日没などで試合続行が難しい状況となった場合に、打ち切りを命じられた試合。
**このときの勝敗の決定は、下記の通りである。**

（注1）7回完了をもって試合成立とする大会もある。

**例①**

|   | 1 | 2 | 3 | 4 | 5 | 6 | 7 | 8 | 9 |   |
|---|---|---|---|---|---|---|---|---|---|---|
| 甲 | 0 | 1 | 0 | 0 | 2 |   |   |   |   | 3 |
| 乙 | 1 | 0 | 0 | 3 | 0 | 0+x |   |   |   | 4 |

5回裏の途中で打ち切られたが、ホームチームが勝っているので試合成立。

**例②**

|   | 1 | 2 | 3 | 4 | 5 | 6 | 7 | 8 | 9 |   |
|---|---|---|---|---|---|---|---|---|---|---|
| 甲 | 0 | 2 | 0 | 1 | 0 | 5+x |   |   |   | 8 |
| 乙 | 1 | 0 | 0 | 0 | 0 |   |   |   |   | 1 |

**例③**

|   | 1 | 2 | 3 | 4 | 5 | 6 | 7 | 8 | 9 |   |
|---|---|---|---|---|---|---|---|---|---|---|
| 甲 | 1 | 0 | 0 | 1 | 0 | 0 | 1 |   |   | 3 |
| 乙 | 0 | 0 | 1 | 0 | 0 | 0 | 0+x |   |   | 1 |

**例④**

|   | 1 | 2 | 3 | 4 | 5 | 6 | 7 | 8 | 9 |   |
|---|---|---|---|---|---|---|---|---|---|---|
| 甲 | 1 | 0 | 0 | 1 | 0 | 2 |   |   |   | 4 |
| 乙 | 0 | 0 | 3 | 0 | 0 | 2+x |   |   |   | 5 |

**例⑤**

|   | 1 | 2 | 3 | 4 | 5 | 6 | 7 | 8 | 9 |   |
|---|---|---|---|---|---|---|---|---|---|---|
| 甲 | 1 | 0 | 0 | 0 | 1 | 1 |   |   |   | 3 |
| 乙 | 0 | 0 | 1 | 2 | 0 | 2+x |   |   |   | 5 |

**例⑥**

|   | 1 | 2 | 3 | 4 | 5 | 6 | 7 | 8 | 9 |   |
|---|---|---|---|---|---|---|---|---|---|---|
| 甲 | 1 | 0 | 0 | 0 | 2 | 1+x |   |   |   | 4 |
| 乙 | 0 | 0 | 1 | 3 | 1 |   |   |   |   | 5 |

**例⑦**

|   | 1 | 2 | 3 | 4 | 5 | 6 | 7 | 8 | 9 |   |
|---|---|---|---|---|---|---|---|---|---|---|
| 甲 | 0 | 1 | 0 | 1 | 3 |   |   |   |   | 5 |
| 乙 | 1 | 1 | 1 | 0 | 2+x |   |   |   |   | 5 |

例②～⑦は打ち切られたときの総得点で勝敗を決する。成績も全て算入。

**例⑧**

|   | 1 | 2 | 3 | 4 | 5 | 6 | 7 | 8 | 9 |   |
|---|---|---|---|---|---|---|---|---|---|---|
| 甲 | 1 | 0 | 0 | 0 | 1 | 3 |   |   |   | 2 |
| 乙 | 1 | 1 | 1 | 0 | 0 | 1+x |   |   |   | 3 |

**例⑨**

|   | 1 | 2 | 3 | 4 | 5 | 6 | 7 | 8 | 9 |   |
|---|---|---|---|---|---|---|---|---|---|---|
| 甲 | 0 | 1 | 0 | 0 | 1 | 1+x |   |   |   | 2 |
| 乙 | 0 | 0 | 1 | 1 | 0 |   |   |   |   | 2 |

例⑧、⑨のように、表の攻撃で得点（同点または勝ち越し）したのに対し、ホームチームが同点もしくは勝ち越すことができないうちに打ち切られた場合は、ともに完了した均等回の総得点で勝敗を決する。

### ※ノーゲーム

|   | 1 | 2 | 3 | 4 | 5 | 6 | 7 | 8 | 9 |   |
|---|---|---|---|---|---|---|---|---|---|---|
| 甲 | 0 | 1 | 0 | 2 | 0 |   |   |   |   |   |
| 乙 | 0 | 0 | 2 | 0 | 0+x | ノーゲーム |   |   |   |   |

5回の表裏の攻撃が終わらないうちに打ち切られた場合、ノーゲームとなる。

## （3） フォーフィッテッドゲーム （没収試合）

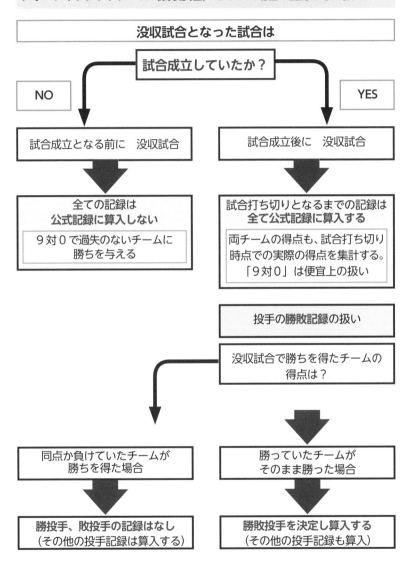

フォーフィッテッドゲーム（没収試合）となった場合の記録の取り扱い

没収試合となった試合は

試合成立していたか？

NO

YES

試合成立となる前に　没収試合

試合成立後に　没収試合

全ての記録は
**公式記録に算入しない**

9対0で過失のないチームに
勝ちを与える

試合打ち切りとなるまでの記録は
**全て公式記録に算入する**

両チームの得点も、試合打ち切り
時点での実際の得点を集計する。
「9対0」は便宜上の扱い

投手の勝敗記録の扱い

没収試合で勝ちを得たチームの
得点は？

同点か負けていたチームが
勝ちを得た場合

勝っていたチームが
そのまま勝った場合

勝投手、敗投手の記録はなし
（その他の投手記録は算入する）

勝敗投手を決定し算入する
（その他の投手記録も算入）

# 4　集　計

## (1)　試合時間と出場選手数

### ■終了時刻の確認と周知 【 赤字は試合終了時に記入する事項 】

| 開　始 | ■■時 | ■■分 |
|---|---|---|
| 終　了 | ■■時 | ■■分 |
| 試合時間 | ■時間 | ■■分 |
| 【中　断】 | | 分 |

◆ 試合開始時刻……開始時に記入済

◆ 試合終了時刻……終了時刻を記入する

◆ 試合時間……試合時間を記入する
　　　　（中断時間を差し引いた正味の試合時間）

◆ 中断時間……中断があれば、その時間を記入する
　　　　（天候による中断、照明故障などによる遅延）

### ■試合出場選手の確認と総出場者数

| 失策 | 打順 | 位置 | 選 手 名 | |
|---|---|---|---|---|
| | ① | 9 | 石　川 | 19 |
| | | H | 富　山 | 18 |
| | | 8 | 福　井 | 20 |
| T | ② | 6 | 岡　山 | 33 |
| | | H5 | 奈　良 | 29 |
| | ⑨ | 8 | 福　岡 | 40 |
| | | 9 | 宮　崎 | 45 |
| | | | | |
| | | | | |
| | | | | |
| | | | | |
| | | | | |
| 2 | | | 14 | 人 |

◆ 試合出場した選手名
　漏れ等ないか確認する

◆ 試合出場した選手の人数

失策数の合計

出場選手の合計

## (2) 個人打撃成績とチーム成績の集計

### ■ 守備記録の確認と集計

| 失策 | 打順 | 位置 | 選手名 | 〜 | 打数 | 得点 | 安打 | 打点 | 三振 | 四球 | 死球 |
|---|---|---|---|---|---|---|---|---|---|---|---|
| | ① | ■ | ■■■ | 〜 | | | | | | | |
| | | ■ | | 〜 | | | | | | | |

◇失策……失策を記録した都度カウント、最終の失策数を確認

### ■ 攻撃記録の確認と個別のチェック

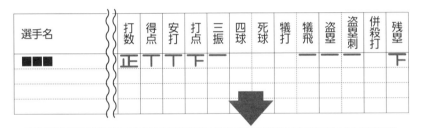

| 選手名 | 〜 | 打数 | 得点 | 安打 | 打点 | 三振 | 四球 | 死球 | 犠打 | 犠飛 | 盗塁 | 盗塁刺 | 併殺打 | 残塁 |
|---|---|---|---|---|---|---|---|---|---|---|---|---|---|---|
| ■■■ | 〜 | 正 | T | T | F | 一 | | | | 一 | | | | F |
| | 〜 | | | | | | | | | | | | | |

> 　打撃テーブルの各項目には、1回の打撃が完了し該当する項目にその都度「正」の字で記入していく。
> 　また、得点、盗塁、盗塁刺や残塁などもその都度記入していくと良い。
> 　慣れてくれば、効率的で正しい集計ができるので実践してみよう。

- **打数**： 打撃を完了した回数。その都度記入。
  犠打、犠飛、四球、死球、妨害による出塁は打数に含まない。
- **得点**： 得点を記録した都度記入
- **安打**： 安打を記録した都度記入
- **打点**： 打点を記録した都度記入
- **三振**： 三振を記録した都度記入
- **四球**： 四球を記録した都度記入（故意四球含む）
- **死球**： 死球を記録した都度記入
- **犠打**： 犠打を記録した都度記入
- **犠飛**： 犠飛を記録した都度記入

- ■ **盗　塁**：盗塁を記録した都度記入
- ■ **盗塁刺**：盗塁刺を記録した都度記入
- ■ **併殺打**：併殺打を記録した都度記入
  併殺打とは、フォースダブルプレイまたはリバースフォースダブ
  ルプレイとなるゴロの打球。
  併殺打の詳細は 70 ページ参照。
- ■ **残　塁**：残塁を記録した都度記入

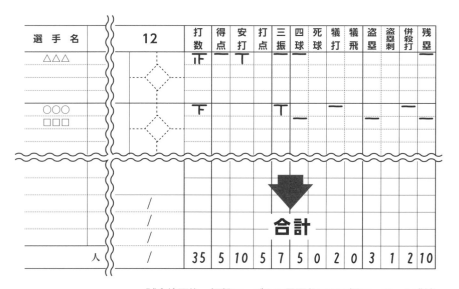

試合終了後、打撃テーブルの最下段にある欄に、チーム成績
（合計値）を記入する。

- ■ **検算**
  チーム成績を記入した後、下記の方法で検算することができるので、試して
  みよう。

**打席数 ＝ 打数 ＋ 四死球 ＋ 犠打飛＋ 妨害出塁 ＝ 得点 ＋ 残塁数 ＋ アウト数**

## (3) その他の記入項目

### ■ 長打の記入 （ 長打欄に長打を打った打者名をその都度記入 ）

| | 先攻： 四 国 | | 後攻： 九 州 | |
|---|---|---|---|---|
| 本塁打 | 香川 | 愛媛 | 熊本 | |
| 三塁打 | 高知 | | 宮崎 | 大分 |
| 二塁打 | 徳島② | | 佐賀 | 福岡 |
| | | | 長崎 | |

### ■ 併殺参加者、捕逸、打撃妨害出塁の記入

◇ 併殺欄　　　　併殺参加者（守備側）を順番に記入
◇ 捕　逸　　　　捕逸した捕手名を記入
◇ 打撃妨害出塁　打者名と（　）内に妨害をした捕手名を記入

| チーム | 併殺欄　　（併殺参加者） |
|---|---|
| 関東 | 東京　千葉　神奈川　埼玉 |
| 近畿 | 兵庫　京都　大阪 |
| | |
| | |
| | |

| 捕逸 | 打撃妨害出塁 |
|---|---|
| 群馬 | 和歌山（茨城） |

| 捕手名 | 打者名（捕手名） |
|---|---|

## (4)　投手成績の集計

| | 選手名 | 勝敗 | 回 | 投球数 | 打者 | 安打 | 本塁打 | 四球 | 死球 | 三振 | 暴投 | ボーク | 失点 | 自責点 |
|---|---|---|---|---|---|---|---|---|---|---|---|---|---|---|
| 先発 | 長野 | | 5 | 1/3 | 70 | 18 | 6 | 1 | 2 | 0 | 7 | 0 | 0 | | |
| 2 | 富山 | / | 1/3 | 15 | 4 | 1 | 0 | 1 | 1 | 1 | 1 | 0 | | |
| 3 | 石川 | | | | | | | | | | | | | | |
| 4 | | | | | | | | | | | | | | | |

　　　　　　■■■の欄は、交代時に結果を記入できない項目（記入できるときもある）、その他の項目は、投手交代時に即記入できる項目なので、できる限り記入しておくと良い。

- **勝敗**：　　勝投手「〇」　or　負投手「●」
　　　　　　　勝敗の付かない投手は「／」を記入
- **回**：　　　投球回数
- **投球数**：　投球数　（116 ページ参照）
- **打者**：　　打者数
- **安打**：　　被安打数
- **本塁打**：　被本塁打数
- **四球**：　　与えた四球数（故意四球も含む）
- **死球**：　　与えた死球数
- **三振**：　　奪った三振数
- **暴投**：　　暴投数
- **ボーク**：　ボーク数
- **失点**：　　失点
- **自責点**：　自責点

※投手成績は個人の成績を記入するだけで、
　チーム合計を記入する必要はない。

## 勝投手・負投手の決め方

### ◆ 勝投手の決定方法

　ある投手の任務中に自チームがリードを奪い、しかもそのリードが最後まで保たれた場合はその投手を勝投手とする。

　ただし、①先発投手であれば、5回以上を投げていた場合
　　　　　②救援投手であれば、1回以上を投げていた場合
　　　　　③救援投手が1回未満であれば、1失点以内に抑えた場合

　上記以外で、救援投手に勝ちの権利がある場合、救援投手が複数いれば、最も効果的な投球をした投手を勝投手とする。

（勝投手についての詳細は114ページ参照）

### ◆ 負投手の決定方法

　自己の責任による失点が相手チームにリードを許し、相手チームが最後までリードを保ったとき、投球回数に関係なくその投手を負投手とする。

## 失点・自責点

### ◆ 失　点

　投手が任務中に相手に与えた得点。回の途中で走者を残して退いた場合は原則として残した走者の数だけ責任を負う。

### ◆ 自　責　点

　失点の中で投手が責任を持たなければならない得点のこと。

　安打、犠打、犠飛、盗塁、アウトの間の進塁、野手選択、四球、死球、ボーク、暴投により走者が得点した場合は自責点となる。

　失策により出塁した走者や、失策または捕逸で進塁した走者が得点した場合は、原則として自責点にならない。

　また、失策がなければ3アウトでチェンジとなっていた場合、それ以降の得点は自責点とならない。

（自責点についての詳細は94ページ参照）

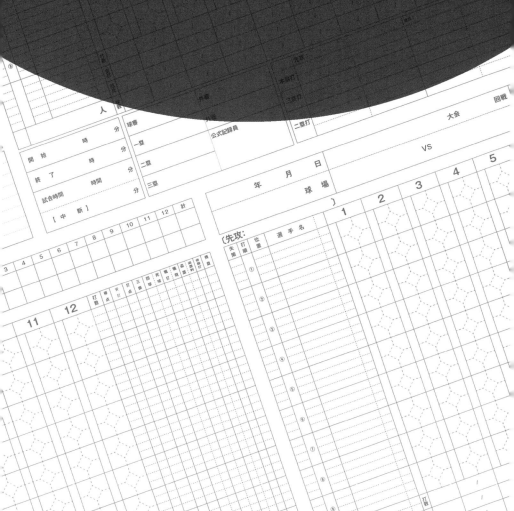

# IV スコアシート
# 実際の記入例

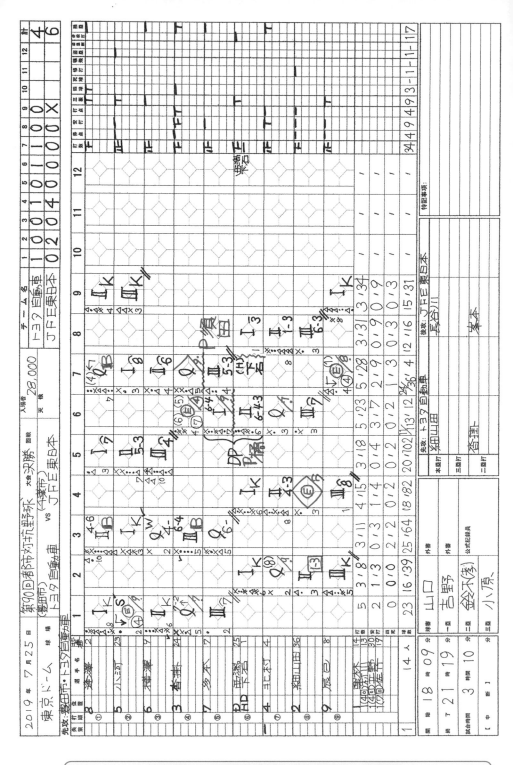

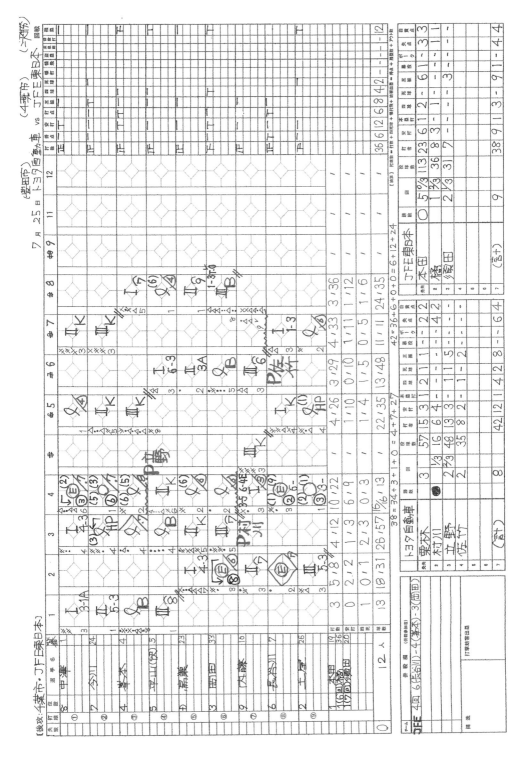

# スコアの字解き解説とチェックポイント（第90回都市対抗野球大会・決勝戦）

## 1回表：トヨタ自動車の攻撃

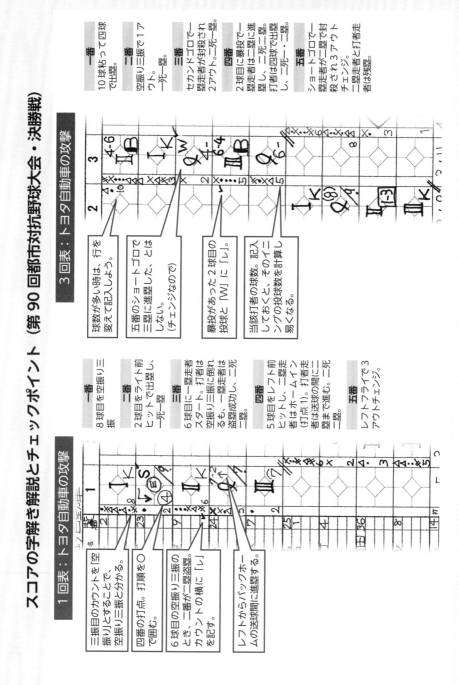

- 三振目のカウントを「空振り」とすることで、空振り三振と分かる。
- 四番の打点。打順を〇で囲む。
- 6球目の空振り三振のとき、二番が一塁盗塁。カウントの横に「レ」を記す。
- レフトからバックホームの送球間に進塁する。

一番　8球目を空振り三振

二番　2球目をライト前ヒットで出塁し、一死一塁

三番　6球目に一塁走者スタート。打者は空振り三振に倒れるも、一塁走者は盗塁成功し、二死二塁

四番　5球目をレフト前ヒットし、打者はホームイン（打点1）。打者走者は送球の間に二塁まで進む。二死二塁

五番　レフトフライで3アウトチェンジ。

## 3回表：トヨタ自動車の攻撃

- 球数が多い時は、行を変えて記入しよう。
- 五番のショートゴロで三塁に進塁した、とはしない。（チェンジなので）
- 暴投があった2球目の投球と「W」に「レ」。
- 当該打者の球数。記入しておくと、そのイニングの投球数を計算し易くなる。

一番　10球粘って四球で出塁。

二番　空振り三振で1アウト。一死一塁

三番　セカンドゴロで一塁走者が封殺され2アウト。二死一塁

四番　2球目に暴投で一塁走者が二塁に進み、二死二塁。打者は四球で出塁し、二死一・二塁

五番　ショートゴロで二塁走者が一塁で封殺されチェンジ。一塁走者と打者走者は残塁。

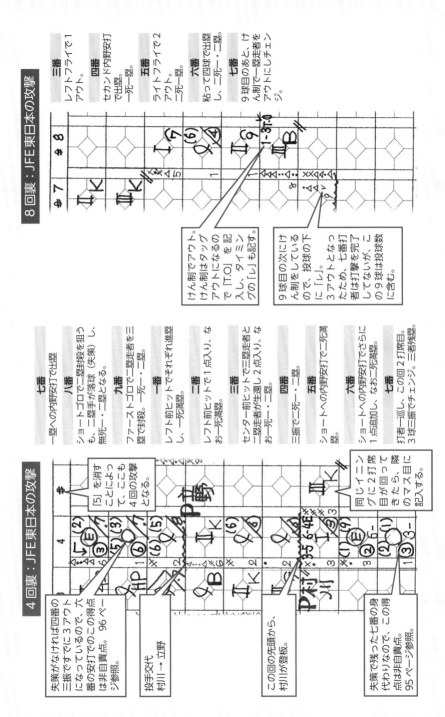

**8回裏：JFE東日本の攻撃**

三番　レフトフライで1アウト。

四番　セカンド内野安打で出塁。一死で一塁。

五番　ライトフライで2アウト。二死で一塁。

六番　粘って四球で出塁し、二死で一・二塁。

七番　9球目のあと、けん制で一塁走者をアウトにしチェンジ。

けん制でアウト。けん制はタッグアウトになるので「T.O」を記入し、タイミングプの「い」も記す。

9球目の次にはけん制をしているので、投球の下に「い」。3アウトとなったため、七番打者は打撃を完了してないが、この9球は投球数に含む。

**4回裏：JFE東日本の攻撃**

七番　一塁への内野安打で出塁

八番　ショートゴロで一塁手を狙うも、二塁手が落球（失策）し、無死一・二塁となる。

九番　ファーストゴロで二塁走者を三塁で挟殺。一死一・三塁。

一番　レフト前ヒットでそれぞれ進塁し、一死満塁。

二番　レフト前ヒットで1点入り、なお一死満塁。

三番　センター前ヒットで三塁走者と二塁走者が生還し2点入り、なお一死一・二塁。

四番　三振で二死一・二塁。

五番　ショートへの内野安打で二死満塁。

六番　ショートへの内野安打でさらに1点追加し、なお二死満塁。

七番　打者一巡し、この回2打席目。3球三振でチェンジ。三塁残塁。

「5」を消すことによって、4回の攻撃となる。

投手交代
村川→立野

失策がなければ四番の三振ですでに3アウトになっているので、六番の安打でのこの得点は非自責点。96ページ参照。

この回の先頭から、村川が登板。

失策で残った七番の身代わりなので、この得点は非自責点。95ページ参照。

同じイニングに2打席目が回ってきたら、隣のマス目に記入する。

57

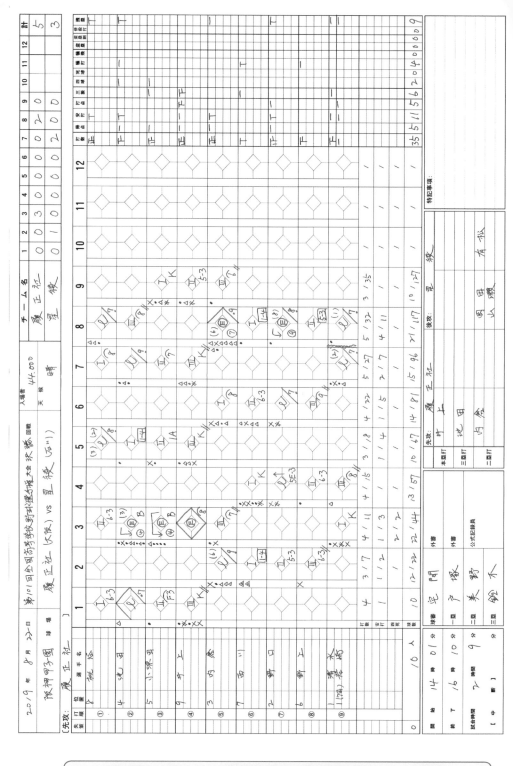

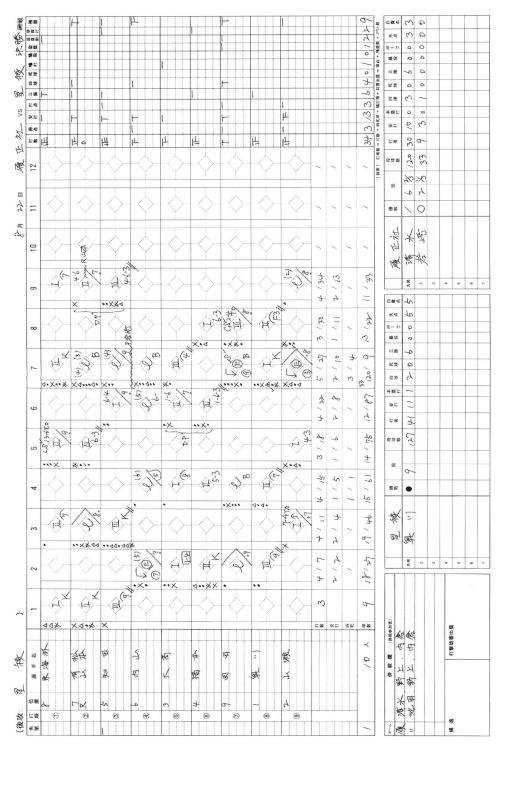

# スコアの字解き解説とチェックポイント（第101回全国高等学校野球選手権大会・決勝戦）

先攻：履正社

右中間二塁打で出塁し、七番のセンター前ヒットで勝ち越しのホームイン。

投手前への横打

守備から入り（この場合投手交代）、初めての打席。二重の波線で明確にする。

ピッチャーゴロ。投手が捕球後そのまま一塁ベースを踏んでアウト。

サードゴロを三塁手が悪送球（失策）し、それを見て打者走者は一挙二塁まで進む。

レフト線の三塁打

一塁ファウルフライでアウト。

センターオーバーの3ランホームラン。履正社逆転。

連続のバントファウルから送りバント成功。

三振目のカウントが「見逃し」なので、見逃し三振。

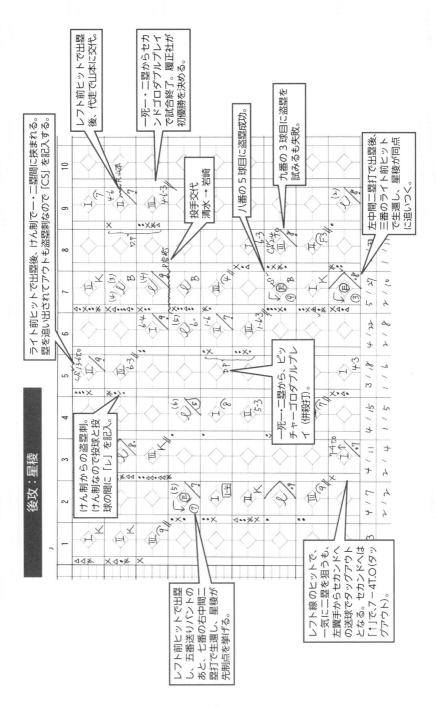

61

**2019年 10月 23日 SMBC日本シリーズ2019 大会 4回戦**
**東京ドーム 球場　巨人 vs ソフトバンク**

入場者 44,708人　天候（日青）

| チーム名 | 1 | 2 | 3 | 4 | 5 | 6 | 7 | 8 | 9 | 10 | 11 | 12 | 計 |
|---|---|---|---|---|---|---|---|---|---|---|---|---|---|
| ソフトバンク | 0 | 0 | 0 | 3 | 0 | 0 | 1 | 0 | 0 | | | | 4 |
| 巨人 | 0 | 0 | 0 | 0 | 0 | 2 | 1 | 0 | 0 | | | | 3 |

〔先攻: ソフトバンク 〕

| 打順／位置 | 選手名 | 1 | 2 | 3 | 4 | 5 | 6 | 7 P杉川 | 8 | 9 | 10 | 11 | 12 | 打数 | 得点 | 安打 | 打点 | 三振 | 四球 | 死球 | 犠打 | 犠飛 | 盗塁 | 盗塁刺 | 併殺打 | 残塁 |
|---|---|---|---|---|---|---|---|---|---|---|---|---|---|---|---|---|---|---|---|---|---|---|---|---|---|---|
| ① 4 H 2(7回) | 牧原 内川 高谷 | Ⅰ 3A | | Ⅲ 5-3 | | Ⅲ K | | H Ⅲ 4-2-3 | Pデスパ | | | | | | | | | | | | | | | | | |
| ② 6 | 今宮 | Ⅱ K | | | ④ S4 ⑤ 7 | | Ⅰ K | | | Ⅰ 6-3 | | | | | | | | | | | | | | | | |
| ③ 8 | 柳田 | Ⅲ K | | | | Ⅰ K | | Ⅰ F9 | l | | | | | | | | | | | | | | | | |
| ④ 7 3(8回) | デスパイネ 中村(光) | | Ⅰ 7 | ⑤ 7 | | | Ⅲ 3 | | Ⅱ 4 | | | | | | | | | | | | | | | | |
| ⑤ 9 7(8回) 5(9回) | グラシアル | | | ⑥ 7 | | DP | Ⅰ 9 | Ⅲ K | | | | | | | | | | | | | | | | | |
| ⑥ 3 9(8回) | 福田 | | Ⅱ 9 | | | K | Ⅰ 4-3 | | | | | | | | | | | | | | | | | | |
| ⑦ 5 R7 | 松田(宣) 周東 | | Ⅲ 4 | | Ⅲ 5-3 | | (8)(7) ↓○ 4E 5E (9)4E6 Ⅲ 4-2 | 2-3T.0 R同康 7 | | | | | | | | | | | | | | | | | |
| ⑧ 2 H 4(7回) | 甲斐 長谷川(勇) 明石 | | Ⅰ 6 | | Ⅰ 4-3 | | H Ⅲ l 4 | | Ⅲ K | | | | | | | | | | | | | | | | |
| ⑨ 1 1(6回) 1(6回) 1(7回) 1(7回) | 和田 スアレス 嘉弥真 甲斐野 モイネロ 森 | | Ⅱ K | | Ⅱ K | | l | | | | | | | | | | | | | | | | | | |

| | 打数 | 3 | 4／7 | 3／10 | 6／16 | 3／19 | 3／22 | 6／28 | 4／32 | 3／35 | ／ | | |
| | 安打 | 1／1 | | 3／4 | | | 2／6 | 1／7 | 1／8 | ／ | | |
| | 四死 | | | | | | | | | | | | |
| | 球数 | 15 | 12／27 | 11／38 | 26／64 | 12／76 | 12／88 | 20／108 1 | ／11 | 8／19 | ／ | | |

0　20人

計: 35 4 8 3 10 0 0 0 0 1 0 1 4

| 開始 18時 18分 | 球審 山本(貴) | 外審 林家 |
|---|---|---|
| 終了 21時 40分 | 一塁 吾本 | 外審 名本 |
| 試合時間 3時間 22分 | 二塁 森 | 公式記録員 |

| | 先攻: ソフトバンク | 後攻: 巨人 |
|---|---|---|
| 本塁打 | グラシアル | 岡本 |
| 三塁打 | | |
| 二塁打 | | 亀井 丸 |

特記事項
ソフトバンク 3年連続10度目の日本一。

最高殊勲選手 … グラシアル(ソ)
優秀選手 … 高橋(礼)(ソ)
　　　　　　デスパイネ(ソ)
　　　　　　松田(宣)(ソ)

〔後攻: 巨 人 〕　　10 月 23 日　　巨人 vs ソフトバンク 4 回戦

| 失策 | 打順 | 位置 | 選手名 | 1 | 2 | 3 | 4 | 5 | 6 | 7 | 8 | 9 | 10 | 11 | 12 | 打数 | 得点 | 安打 | 打点 | 三振 | 四球 | 死球 | 犠打 | 犠飛 | 盗塁 | 盗塁刺 | 併殺打 | 残塁 |
|---|---|---|---|---|---|---|---|---|---|---|---|---|---|---|---|---|---|---|---|---|---|---|---|---|---|---|---|---|
| | ① | 9 | 亀井 | I 8 | | ℓ 9 | | | I 7 | (3) ℓ 9 | | ℓ B | | | | 4 | | 2 | | | 1 | | | | | | | 3 |
| | ② | 6 | 坂本(勇) | II 6-4 B | | ℓ B | | | Ⓔ ④ B | II K | | III K | | | | 2 | 1 | | | 2 | 3 | | | | | | | 1 |
| | ③ | 8 | 丸 | ℓ 6 | | III K | | | II K | ℓ 7 | | | | | | 4 | | 1 | 1 | 2 | | | | | | | | 2 |
| 1 | ④ | 3<br>5(7回) | 岡本 | III F2 | | | I F9 | | Ⓔ 9 | III 5-3 | | | | | | 4 | 1 | 1 | 2 | | | | | | | | | |
| | ⑤ | 7 | ゲレーロ | | I K | | II 8 | | ℓ(6) 9 | | I 5-3 | | | | | 4 | | 1 | | 1 | | | | | | | | 1 |
| | ⑥ | 5<br>H3 | 若林<br>阿部 | | II K | | III K | | III 6-4 HP | | II 4-3 | | | | | 2<br>1 | | | | 2 | | <br>1 | | | | | | |
| 1 | ⑦ | 4<br>H<br>4(7回) | 田中(俊)<br>石川<br>山本 | | III K | | | I 4-3 | ℓ 6 | | III 8 | | | | | 2<br>1<br>1 | | | | 1 | | | | | | | | <br>1 |
| | ⑧ | 2<br>H2 | 小林<br>大城 | | | I 4 | | II 8 | | I K | | I 8 | | | | 2<br>2 | | | | 1 | | | | | | | | |
| | ⑨ | 1<br>1(7回)<br>H<br>1(8回)<br>H | 菅野<br>中川<br>重信<br>デラロサ<br>陽 | | | II K | | III 6-3 | | (1) ③ ① | | II 6-3 | | | | 2<br>0<br>1<br>0<br>1 | <br><br>1 | <br><br>1 | | 1 | | | | | | | | |
| | | | 打数 | 3 | 3/6 | 4/10 | 3/13 | 3/16 | 5/21 | 6/27 | 3/30 | 3/33 | / | / | / | | | | | | | | | | | | | |
| | | | 安打 | | / | 1/1 | / | / | 2/3 | 3/6 | / | / | / | / | / | | | | | | | | | | | | | |
| | | | 四死 | 1 | / | 1/2 | / | / | 2/4 | / | / | 1/5 | / | / | / | | | | | | | | | | | | | |
| 2 | | | 17 人 / 球数 | 15 | 17/32 | 18/50 | 12/62 | 9/71 | 11/4/4 | 9 13/7 | 13/20 | /29 | / | / | / | 33 | 3 | 6 | 3 | 10 | 4 | 1 | 0 | 0 | 0 | 0 | 0 | 8 |

投手交代: 6回 P スアレス、6回 8 P 嘉弥真、6回 P 甲斐野、7回 P モイネロ、9回 P 森

〔検算〕 打席数 = 打数 + 四死球 + 犠打飛 + 妨害出塁 = 得点 + 残塁数 + アウト数

| チーム | 併殺欄 (併殺参加者) | | |
|---|---|---|---|
| 巨 | 山本 | 小林 | 阿部 |

補逸

打撃妨害出塁

| 巨 | | 勝敗 | 回 | | 投球数 | 打者 | 安打 | 本塁打 | 四球 | 死球 | 三振 | 暴投 | ボーク | 失点 | 自責点 |
|---|---|---|---|---|---|---|---|---|---|---|---|---|---|---|---|
| 先発 | 菅野 | L | 6 | 1/3 | 108 | 27 | 6 | 1 | 0 | 0 | 8 | 0 | 0 | 4 | 3 |
| 2 | 中川 | | | 2/3 | 1 | 1 | 0 | 0 | 0 | 0 | 0 | 0 | 0 | 0 | 0 |
| 3 | デラロサ | | 2 | | 19 | 7 | 2 | 0 | 0 | 0 | 2 | 0 | 0 | 0 | 0 |
| 4 | | | | | | | | | | | | | | | |
| 5 | | | | | | | | | | | | | | | |
| 6 | | | | | | | | | | | | | | | |
| 7 | | | | | | | | | | | | | | | |

| ソ | | 勝敗 | 回 | | 投球数 | 打者 | 安打 | 本塁打 | 四球 | 死球 | 三振 | 暴投 | ボーク | 失点 | 自責点 |
|---|---|---|---|---|---|---|---|---|---|---|---|---|---|---|---|
| 先発 | 和田 | W | 5 | | 71 | 18 | 1 | 0 | 2 | 0 | 6 | 0 | 0 | 0 | 0 |
| 2 | スアレス | | | 2/3 | 11 | 5 | 2 | 1 | 1 | 0 | 1 | 0 | 0 | 2 | 2 |
| 3 | 嘉弥真 | | | 0/3 | 4 | 1 | 0 | 0 | 0 | 1 | 0 | 0 | 0 | 0 | 0 |
| 4 | 甲斐野 | | 1 | | 13 | 5 | 2 | 0 | 0 | 0 | 2 | 0 | 0 | 1 | 1 |
| 5 | モイネロ | | 1 | 1/3 | 20 | 5 | 1 | 0 | 0 | 0 | 0 | 0 | 0 | 0 | 0 |
| 6 | 森 | S | 1 | | 29 | 4 | 0 | 0 | 1 | 0 | 1 | 0 | 0 | 0 | 0 |
| 7 | | | | | | | | | | | | | | | |

# V「9.00記録に関する規則」の解説

[ 編注 ]
文中に出てくる条項（9.01(a)、9.01(b) など）は、
2020 年度公認野球規則に基づくものです。
公認野球規則と併せてお読み頂くことにより、
記録の規則についてより一層理解を深めることができると思います。

# 「9.00 記録に関する規則」の解説

## 9.01　公式記録員

### 【公式記録員の任務】

記録員としての仕事は大きく二つある。

  （1）規則に則り記録の判定をする。

  （2）正確なスコアを付ける。


9.01（a）項では「たとえば打者が一塁に生きた場合、それが安打によるものか、失策によるものかなどを、独自の判断で決定する権限を持つ。」とあり、また同（b）項では、記録に関する規則を厳重に守り「本規則に明確に規定されていない事項に関しては、自己の裁量でその決定を下す権能が与えられている。」と定められている。

すなわち、記録員は野球規則、特に記録に関する規則（9.00）を学んだうえで、打者の出塁が安打によるものなのか失策なのか、走者の進塁が暴投なのか捕逸なのか、それとも盗塁か失策によるものなのか、など記録に関する判定が必要なプレイについて独自の判断で決定することができる。また、これらのさまざまな判定については①公平であること、②試合（または大会）を通して安定していることが求められる。

記録員は各団体によって任命され、所定の位置（記録員席もしくは記者席内）で記録をとり、試合終了後には、各団体の様式に従って報告書（試合のスコアや個人記録）を作成し速やかに提出する。


### 【審判員への助言】

グラウンド上でのプレイについては審判員が裁定し、記録員はその裁定に従って記録を付けるのは言うまでもないが、審判員の裁定に反するような決定を下すことも許されない。（9.01(b)(1)参照）

> 例　インフィールドフライ[*1]が宣告された飛球を落球し、その落球を見て走者が進塁したとき、たとえ飛球が風に流され守備側の不手際と思われなくても失策を記録しなければならない。


### ～ 用語説明 ～

＊1 〝インフィールドフライ〟…無死または一死で、走者が一・二塁または満塁のとき、打者が打った飛球（ライナーおよびバント飛球は除く）で、内野手が普通の守備行為をすれば捕球できるものをいう。審判員がインフィールドフライを宣告した時点で打者はアウトになる。ただしボールインプレイの状態は続くので、たとえば、落球した場合には走者はアウトを賭して進塁してもよい。

ただし、次の場合は試合中に記録員から審判員へ助言を与えることができる。
- ① アウトカウントの誤り
- ② 投球カウントの誤り
- ③ 選手交代の誤り（代わることが許されない投手交代など）

②の投球カウントの誤りについては、2019年の規則改正で 8.02（c）―審判員が裁定を変更する場合―の末尾に「投球カウントの誤りの訂正は、投手が次の打者へ1球を投じるまでに行わなければならない」が追加された。たとえば、すでに三振になった打者が誰も気付かず打席に立ち続け直後に本塁打を打ったとしても、次の打者に1球が投じられる前ならば三振に訂正できる。カウントの誤りは記録員が助言できることを覚えておこう。

**打順の誤りについては、守備側チームからアピールがあればアウトになるため、たとえ分かっていても審判員または両チームのいかなる人にもこれを告げたり、注意を促してはならない。**

---

**【公式記録員の心得】**
- ① 記録に関する規則を守り、公平なジャッジをする。
- ② 試合を見る姿勢は前のめりではなく少し引いた姿勢でリラックスして見る。
  - 注 ボール・走者・守備者を同時に見なければならないので、できれば少し高い場所から俯瞰して見るのが理想。グラウンドレベルからでもなるべく広い視野で見るように心掛ける。集中し過ぎると視野が狭くなる傾向があるので注意すること。
- ③ プレイが途切れるまでボールから目を離さない。
  - 注 すぐにスコア記入するのではなく、ボールが投手に戻ってから記入する。
- ④ 難解なプレイは、記号で書くことを考えるよりも雑記欄にメモするとよい。
- ⑤ ジャッジの振り返りは試合が終わってから。
  - 注 次のプレイに集中しよう。

---

## 9.02　公式記録の報告書

この項では公式記録の報告書（スコア）を作成するうえで、打者、走者、野手または投手の記録として必要な項目が記載されている。各団体で事前に必要な報告内容を確認しておこう。

また、天候状態や正味の試合時間も報告する項目に含まれている。例えば抗議や選手の負傷手当、グラウンドへの散水は試合時間に含むとしているが、天候による中断、照明故障、観客の乱入などは試合時間から差し引く。

## 9.03　公式記録の報告書の作成

　(a)、(b) 項では報告書（スコア）の作成（個人記録）にあたっての注意事項、例えば打撃順に従って記載する旨などが書かれている。

### 【ボックススコアの検算】 9.03（c）

　≪打席数＝得点＋残塁数＋アウト数＝打数＋犠打・犠飛＋四死球＋妨害出塁≫
　数字が一致すれば各数字が正しいとの証明になる。作成した成績の間違い防止のために検算を奨励する。

### 【打順の誤りがあったときの記録法】 9.03（d）、6.03（b）

① 一番 A の打順に二番 B が打席に立ち打撃完了前に気付いたならば、A は B のカウントを受け継いで打撃につくことができる。

② 一番 A の打順に二番 B が打ち遊ゴロで一塁アウトになった後に、アピールがあって正位打者の A がアウトになった場合は、A が遊ゴロ（6-3）でアウトになったと記録し、B が正規の次打者となる。

③ 一番 A の打順に二番 B が打ち安打で出塁した後に、アピールがあって正位打者の A がアウトになった場合は、捕手に刺殺を与え（「x-2」と記入）、A には打数 1 を記録する。B が正規の次打者となる。

④ 一番 A の打順に二番 B が打ち打撃を完了しアピールがなかった場合、不正位打者 B は正位打者と認められ、三番 C が正規の次打者となる。（A の打席は 1 つ少なくなる）

　注　不正位打者が打撃をしてもアピールがなければ正位打者がアウトになることはないので、とりあえずはプレイが行われたそのまま（不正位打者の欄）を記録する。数人の打者が続けざまに打順を誤ったときも同様である。

### 【コールドゲームおよびフォーフィッテッドゲーム（没収試合）】 9.03（e）

(1) コールドゲームが正式試合（7.01 参照）になった場合は、すべての記録を公式記録に算入する。
　プロ野球では 5 回を完了した後に、打ち切りを命じられれば正式試合となる。一方、アマチュア野球では天候不順の他にも点差・イニングによるコールドゲームも認められていて、その適用は連盟や大会によって異なるのでその規定に従う。

(2) 正式試合となった後に、一方のチームの規則違反によりフォーフィッテッドゲーム（没収試合）（7.03）になった場合は、すべての記録を公式記録に算入する。ただし、フォーフィッテッドゲームにより負けていたチームが勝ちを得たとき、勝投手、負投手を記録しない。

(メモ) アマチュア野球では、規則違反に「登録外選手が試合に出場した場合」が
含まれていたため、ごくまれに登録外選手が試合に出場したためにフォー
フィッテッドゲームが起こったが、2018年より野球規則7.03通りに戻
しているので、上記理由によるフォーフィッテッドゲームはなくなった。

## 9.04　打　点

### (a)【打点を記録する場合】

① 安打、犠牲バント、犠牲フライ、内野のアウトおよび野手選択により走者を
得点させた場合。

> 例　走者三塁、内野ゴロアウトの間に得点。内野手が一塁へ送球するのを
> 見てから三塁走者がスタートした場合も打点。

② 満塁で、四球、死球、妨害および走塁妨害で打者が走者となったため、押し
出されて得点が記録された場合。

③ 無死または一死で、打者の打球に対し失策があったとき三塁走者が得点した
場合は、その失策がなくても得点できたと認めれば打者に打点を与える。

> 例1　満塁で内野ゴロを弾いて失策。中間守備で明らかに本塁以外での併殺
> を狙っていれば打点。前進守備なら打点なしが望ましい。（本塁でア
> ウトと考える）

> 例2　一死三塁で遊ゴロを弾いて失策。打球と同時にスタートしていれば
> 打点だが、弾いたのを見てスタートをしたら打点なし。

いずれの場合も、打点を記録するかしないかは記録員の判断になるので、守備位置
（前進守備か中間守備か）や打球の性質（強いか緩いか）なども考慮して決定する。

### ▼他に打点を記録するケース

◇ 野手が飛球を捕球した勢いでボールデッドの箇所に入り、走者に1個の進塁が
許されたため、三塁走者が得点すれば打点。

◇ 捕手がボールを持たずに得点しようとしている走者の走路をブロックしたため
に、走者の得点が認められた場合、その得点が打者の打撃行為に起因したもの
であれば打点を記録する。（6.01（i）（2）コリジョンルール適用の場合）

◇ フォースアウト[*2]の間（フライ落球起因も含む）の得点は打点。

> 例　走者一・三塁でセンターへの犠飛にならない浅いフライを落球、一塁走者
> を二塁でアウトにする間に三塁走者が得点した場合、打点とする。

（メモ） 9.12 (d)（4）インフライト[*3]の打球を落とした後、ただちにボールを拾って、どの塁ででも走者を封殺した場合には、その野手には失策を記録しない。

## 〜 用語説明 〜

* ＊2 〝フォースアウト（封殺）〟…打者が走者となったために、進塁の義務が生じた走者が次の塁に触れる前にアウトになった場合。
* ＊3 〝インフライト〟…打球、送球、投球が、地面かあるいは野手以外のものにまだ触れていない状態。

## (b)【打点を記録しない場合】

打者に併殺打[*4]が記録されたとき、その間に得点をしていても打点を記録しない。

## 〜 用語説明 〜

* ＊4 〝併殺打〟…フォースダブルプレイまたはリバースフォースダブルプレイとなるゴロを打った打者に記録される。

　　例えば走者一塁で遊ゴロ。6-4-3 と転送されたフォースアウトの連続をフォースダブルプレイ。走者一塁で一ゴロ、一塁手がベースを踏んで先に打者走者をアウト、次に遊撃手に送球し一塁走者をタッグアウトにすればリバースフォースダブルプレイ。

　　併殺打となるようなゴロで第1アウトが成立したのち、第2アウトに対する好送球を野手が落球したため、その野手に失策を記録すれば打者に併殺打を記録する。

## ▼他に打点を記録しないケース

◇ ランダウンプレイの間の得点は打点としない。

> 例1 走者三塁で内野ゴロ。三本間でランダウンされるも失策なく走者が生還し得点。打点を記録しない。

> 例2 走者一塁で打者は長打性の安打。一塁走者は一旦三塁に止まるが、打者走者が二塁をオーバーランして二三塁間で挟まれランダウンプレイが始まる。これを見て三塁にいた走者が得点した。ランダウンを見ての得点で打点を記録しない。

◇ 走者二・三塁、内野フライを落球し二塁走者を三塁でアウトにする。その間に三塁走者が得点しても打点は記録しない。

> 注 打者走者の出塁に失策は記録できないが、落球が原因で得点しているので、この得点に対して失策を記録する。

◇ 無死三塁、打者は三振・振り逃げで一塁へ走る。捕手からの送球で一塁アウトになる間に得点した場合は、三振した打者に打点は記録せず一塁アウトの間の得点とする。

(c) 野手がボールを持ちすぎたり、塁へ無用な送球をするようなミスプレイの間に走者が得点した場合、そのミスプレイにもかかわらず走者が走り続けていた場合には打点を記録する。

> 例 一死一・二塁で打者が二塁への内野安打。二塁手がボールを保持したまま送球を躊躇している間に二塁走者が得点。二塁走者が三塁を回っても止まらずに走り続けていた場合は打点。

**Q1**： 走者二塁で打者はレフト前に安打、左翼手は打球を弾いてしまった。二塁走者は生還し得点。打点は？

**A1**： 左翼手のプレイにかかわらず走り続けていれば打点。しかし、いったん三塁に止まり、左翼手が弾いたのを見て得点した場合は、左翼手に失策を記録し打点は記録しない。

**Q2**： 一死一・三塁で打球はショートライナー。遊撃手は捕球した後、一塁へ送球し飛び出した一塁走者をアウトにし併殺となる。三塁走者はリタッチすることなく走り続け第3アウトより前に生還し、守備側からのアピールもなく得点が認められた。打点は？
（2012年夏の甲子園大会、濟々黌対鳴門戦の7回裏に濟々黌がこのケースで得点した）

**A2**： 打点を記録する。併殺でも打者に併殺打が記録されなければ打点はつく。

**Q3**： 無死満塁、内野ゴロで本塁フォースアウト後、一塁送球間（一塁はセーフ）に二塁走者が一挙生還した場合は？

**A3**： 打点 ☞一塁もアウトなら併殺打となるので打点なし

# 9.05 安 打

## (a)【安打を記録する場合】

次のケースで打者が安全に塁に達したとき、その打者に安打を記録する。

① 打球が野手に触れずに（野手が守備する機会がなく）フェア地域に落下するかフェンスに当たり、打者が安全に一塁（またはそれ以上の塁）に生きたとき。

② 打球が強すぎる（強襲）か弱すぎた（ボテボテのゴロ）ため、野手が処理しきれなかったとき。

③ 打球が不自然にバウンド（イレギュラー）したり、投手板やベースに触れたために普通の守備では処理できなかったとき。

④ 内野手が普通の守備では処理できず、打球が外野のフェア地域に達したとき。

> 注 このとき、単に打球がグラブに触れていたか触れていなかったかだけで判断するべきではない。（88ページ「失策を記録する場合」参照）

> 例1 三遊間にゴロを打ち、三塁手がダイビングキャッチを試みるもグラブ

を弾いて外野に抜けていった場合は、安打を記録する。

> 例2　内野手正面のゴロで十分処理が可能な打球を、グラブに触れることなく（トンネルなど）外野に抜けた場合は、安打ではなく失策とするのが妥当。

⑤　野手に触れていない打球が走者または審判員にフェア地域で触れたとき。たとえ飛球であっても安打にする。

> 注　打球が走者に触れた場合、その走者はアウトになるが打者に安打を記録する。

⑥　打球を扱った野手が先行走者をアウトにしようとしたが成功せず、しかも普通に守備をしても一塁でアウトにできないと判断したときは安打とする。

> 例　無死一塁で三遊間にゴロを打ち、遊撃手が深いところから二塁に送球し封殺を狙うもセーフ。打者走者を一塁でアウトにするのが難しいと判断すれば安打。(73ページ④参照)

⑦　打者走者が一塁走者を追い越した場合、その打者走者はアウトになるが一塁に生きたことに対して安打とする。(明らかにフライ落球が原因のときは失策)

⑧　他にも、打球処理の際、太陽や照明が重なり捕球できなかった場合、強風でフライが大きく流され落下地点に入れなかった場合、野手と野手の間にフライが上がり野手同士が譲り合ったためにどちらの野手も捕球できなかった場合、外野への浅いフライやライナー性の打球に対し外野手が迷いなく突っ込んで直接捕球を試みるもキャッチできなかった場合（内野の高く弾むバウンドで内野手が突っ込んだ場合も）は、安打とするのが妥当である。

---

安打か失策か疑義のあるときは、常に打者に有利な判定を与える。
打球に対して非常な好守備を行ったが、続くプレイが十分でなくアウトにできなかった場合などは、安打を記録するのが安全である。

## (b) 【安打を記録しない場合】

① 打者の打球で走者がフォースアウト（封殺）されるか、失策のためフォースアウトを免れた場合。

> 例 走者一塁で、打者がセンター前に落ちる打球。一塁走者のスタートが遅れ二塁で封殺となった。安打は記録せず「センターゴロ」。

② 打者が明らかに安打と思われる打球を打ったが、進塁を義務付けられた走者が次塁を空過しアピールによってアウトになったとき、このアウトはフォースアウトとなるので打者に安打を記録しない。

③ 打球を扱った内野手（投手、捕手含む）が次の塁に進もうとするか、元の塁に戻ろうとする先行走者をアウトにした場合、あるいは普通の守備でならアウトにできたのに失策でアウトにできなかった場合は安打を記録しない。

> 例1 無死二塁で打者は内野安打性の三遊間へのゴロ。しかし捕球した遊撃手は三塁へ送球し走者をアウトにした。打者に安打を記録しない。

> 例2 無死二塁で打者は内野安打性の三遊間へのゴロ。二塁走者は三塁へ達するもオーバースライドで離塁し、その間に遊撃手からの送球でアウトになった。打者に安打を記録する。

> 注 走者がオーバースライドやオーバーランで塁を離れてアウトになったときは、走者を進めることができたとみなし、打者に安打を記録する。

> 例3 無死二塁で打者は遊撃手と左翼手の中間への小飛球。捕球を懸念した走者は落球を見てからスタートするも、遊撃手からの送球でアウトになった。打者に安打を記録する。

> 注 内野手が外野の方で守備した場合は、内野手とはみなさない。
> また外野手が打球を扱った場合は、走者がフォースアウト（封殺）にされない限り打者に安打を記録する。

④ 打者が一塁でアウトになると思われるとき、打球を扱った野手が先行走者をアウトにしようとしてミスプレイなく不成功に終わった場合、安打は記録せず野手選択による進塁とし打者には打数1を記録するだけである。
ただし、打球を扱った野手がただちに打者走者に向かわないで、わずかに他の走者をうかがったり、他の塁へ投げるふりをした（実際には送球せず）ため一塁への送球が遅れ打者を生かした場合、安打とする。(9.05 (b) (4) [原注] 参照)

> 注 明らかに先行走者をアウトにしようとする動作、例えばタッグ行為であったりボールを保持したままランダウンしようと追いかけたり、また実際に送球した場合には安打を記録せず、野手選択による出塁とする。

> 例1 無死一塁で三塁正面に平凡なゴロ、三塁手が二塁に送球しフォースアウトを狙うも一塁走者のスタートが速くセーフとなる。この場合、打者走者を一

73

塁でアウトにするタイミングがあったと判断し、安打ではなく野手選択による進塁とする。

例2　無死二塁で打者は遊撃への平凡なゴロ。二塁走者がスタート良く三塁に向かうのを見て、遊撃手は一瞬三塁に送球しようと腕を振り上げるも思い直して一塁に送球。しかし、わずかに送球が遅れたため打者を一塁に生かした。この場合は安打とする。

⑤　走者が打球を処理しようとする野手を妨害しアウトとなった場合、打者には打数を記録するだけ。しかし、その打球が安打性であれば安打を記録してもよい。

Q: ショートゴロの打球が遊撃手のユニフォームに入ってしまった。記録は？（2005年夏の甲子園大会、清峰対愛工大名電戦の5回表清峰の攻撃で実際に起こった）

A: タイムが宣告され打者はアウトにされることなく一塁に生きる。記録の扱いとしてはミスプレイであれば失策とするが、強襲など打球が安打性であれば安打としてもよい。上記の場合、内野安打と記録された。

## 9.06　単打・長打の決定

安打を単打とするか、長打と記録するかは次によって決定する。（失策またはアウトをともなった場合は除く）

(a) 塁上に走者がいないとき、打者が一塁で止まれば単打、二塁で止まれば二塁打、三塁で止まれば三塁打、本塁に達すれば本塁打を記録する。

(b) 塁上に走者がいるときは、次のように考える。

①　フォースの状態[*5]の場合、先行走者の進んだ塁より多い塁打は与えられない。

②　フォースの状態でない場合、先行走者の進塁数に関係なく、打者が自らの打撃だけで得ることができたと考えられる塁数によって塁打を決める。すなわち先行走者が1個も進めなかったときでも打者に二塁打を与える場合もある。

### ～用語説明～

＊5　〝フォースの状態〟…走者が一塁、一・二塁または満塁のように走者が詰まっている状態をいう。

Q1: 走者二塁で打者は中前に安打。中堅手が本塁へ送球するも二塁走者は生還し、打者は二塁に達した。

A1: 単打と送球間。☞ 長打性の安打ではないので

Q2: 走者一・二塁で打者は長打性の安打。二塁走者はスタートが遅れて本塁

でアウトも打者は二塁に達した。

**A2:** 記録は単打。☞フォースの状態で先行走者の二塁走者が1個しか進めてない

**Q3:** 走者二塁で打者は長打性の安打。二塁走者はスタートが遅れて本塁でアウトも打者は二塁に達した。

**A3:** 長打性であるので二塁打。☞ フォースの状態ではない

**Q4:** 走者二塁で打者は長打性の安打。二塁走者は捕球を懸念してスタートが遅れ三塁でストップ。この間打者は二塁に達した。

**A4:** 記録は二塁打。

**Q5:** 走者三塁で打者は高いフェア飛球。ポトリと落ちて安打となったが、捕らえられるとみて帰塁した走者は得点できず、打者は二塁に達した。

**A5:** 記録は二塁打。

(c) 長打を放った打者が二塁または三塁を得ようとしてスライディングをした場合、オーバースライドでタッグアウトになればその塁を確保したとは見なさない。これに対して、打者走者が二塁または三塁をオーバーランしてタッグアウトになったときは、最後に触れた塁を確保したものと見なす。

打者が二塁打性の打球で、

| 例 | 二塁をオーバースライドでアウト → 単打（確保していない）
二塁をオーバーランでアウト　　 → 二塁打（確保している）

(d) 安打を放った打者が触塁に失敗してアウトになった場合は、安全に得た最後の塁によって単打、長打を決定する。すなわち打者走者が二塁を踏まずにアウトになったときには単打、三塁を踏まずにアウトになったときには二塁打を記録する。一塁を踏まずにアウトになったときには、打数1を記録するだけで、安打を記録しない。前位の走者を追い越してアウトになった場合もこれを適用する。

**注**

**Q1:** 無死一塁で打者はオーバーフェンスの打球。打者走者は一塁を回ったところで打球を見ていた一塁走者を追い越してしまった。

**A1:** 打者走者は一二塁間で追い越しアウトのため本塁打は与えられず単打。一塁走者の得点は許されるので打点1。

**Q2:** 無死一・二塁で打者は長打性の打球。一塁走者は二三塁間で前位の走者を追い越してアウト。二塁走者は三塁で止まるも打者走者は二塁に達した。

**A2:** 前位の走者が1個しか進めてないので、打者の記録は単打。

**Q3:** 長打性の打球を放った打者走者が、二塁を回り三塁を狙ったが二三塁間でランダウンプレイとなった。守備側のミスプレイなく三塁に達した。

**A3:** 二塁打と野手選択の進塁。

(e)　打者が5.06 (b) (4)（インフライトの打球に対し野手がグラブなど投げて打球の進
　　路を変えた場合など）、6.01 (h)（オブストラクションに伴う進塁）の規定に基づい
　　て塁が与えられた場合には、規定通り与えられた塁によって塁打を決定する。

　　例1　本塁打性の打球に、野手がグラブもしくは帽子を投げてその進路を変え
　　　　た場合、本塁が与えられるので、打者には本塁打を記録する。

　　例2　フェアの打球に、野手がグラブを故意に投げたり、帽子を使って触れさ
　　　　せた場合、3個の塁が与えられるので、打者には三塁打を記録する。

　　（実例）プロ野球では2008年5月4日（千葉マリン）に実際に起こった。西武
　　　　の栗山選手は一二塁間へ安打性の打球を放つ。ロッテ・オーティズ二塁
　　　　手はグラブを投げつけて打球に触れたため、栗山選手には三塁が与えら
　　　　れ三塁打となった。

　　例3　フェアの打球がワンバウンドしてスタンドに入った場合、2個の塁が与
　　　　えられるので、打者には二塁打を記録する。（エンタイトル二塁打）

　　例4　打者が三塁打と思われるような長打を放つも、二塁を回ったところで遊
　　　　撃手に妨げられて三塁へ進むことができなかった。審判員がオブストラ
　　　　クション（走塁妨害）を宣告し打者走者を三塁まで進めさせたとき、打
　　　　者には三塁打を記録する。（失策を記録しない）

**Q1**：安打性の打球に野手が触れて、ファウル地域のスタンドに入ってしまった。

**A1**：打者には二塁が与えられるので、二塁打。

**Q2**：フェンス際の捕球できそうな飛球が、外野手のグラブに当たりインフライトのままフェア地域のスタンドに入ってしまった。

**A2**：このケースは 5.05 (a) (9) により本塁が与えられるが（ 例1 とは適用が異なる）、外野手が「捕球できそうな飛球」であったので失策の判断もあり。外野手が精一杯のプレイであったなら本塁打とするのが妥当。

**Q3**：走者一塁、打者がレフト線に安打したとき左翼手は一塁走者の三塁進塁を阻止するため三塁へ送球したが、一塁走者は二塁を回ったところで遊撃手と衝突した。審判員は直ちにオブストラクションを宣告してボールデッドにし、一塁走者に三塁の進塁を認め、打者走者についても二塁への進塁を許した。

**A3**：長打性なので打者に二塁打を記録する。


## 【サヨナラ安打の塁打決定】

(f) 最終回に長打性の安打（フェンス越えの本塁打を除く）を放ち勝ち越し点をあげたとき、打者は勝ち越し点をあげた走者が進んだ塁と同じ数の塁打まで得ることができる。ただし打者はその数だけの塁を触れる必要がある。

  例  同点で走者二塁。長打性の安打でサヨナラ。二塁打を得るためには打者走者は二塁を踏まなければならない。(たとえ決勝走者の生還後でも踏めばよい)

  注  5.06 (b) (4) などの諸規定で打者に安全進塁権が認められ長打が与えられたときも同様に扱い、勝ち越しの走者が進んだ塁の数と同じ塁打までしか得られない。

(g) 最終回、打者がフェンス越えの本塁打を放って試合を決した場合は、打者および走者があげた得点の全部を記録する。


**Q1**：9回裏同点で走者一塁、打者はライト線に長打を放った。走者が一気に生還しサヨナラとなったとき、打者走者は二塁まで進んでいた。

**A1**：二塁打。 ☞ 三塁まで進んでいたら三塁打。

**Q2**：9回裏同点で走者二塁、センター前への打球で二塁走者生還しサヨナラ。打者走者は本塁へ送球する間に二塁に達していた。

**A2**：単打。☞ 長打性の安打ではないので単打のみ記録する。

**Q3**：9回裏同点で走者二・三塁、長打性の飛球はワンバウンドでスタンドに入りサヨナラ。打者走者は二塁に達していた。

**A3**：単打で打点1。☞ 1点入って試合終了。決勝の走者は1個しか進めないため。

**Q4**：9回裏1点負けていて走者満塁。長打性の飛球はワンバウンドでスタンドに入り2者生還しサヨナラ。打者走者は一塁で止まっていた。

**A4**：単打。　☞打球はエンタイトル二塁打だが、実際に二塁打を得るためには二塁まで進む必要がある。

**Q5**：9回裏2対2で走者満塁。打者はフェンス越えの本塁打。

**A5**：フェンス越えの本塁打なので全ての得点が認められ、6対2の勝利となる。

**Q6**：9回裏2対3で無死走者満塁。打者はフェンス越えの本塁打を放つも一二塁間で一塁走者を追い越してしまった。

**A6**：本塁打は取り消され単打となる。しかし2点（勝ち越し点）までは認められ4対3でゲームセット。打者の記録は単打で打点2。

（実例）2004年9月20日、日本ハム対ダイエー戦（札幌ドーム）で同点（12-12）の9回裏二死満塁で日本ハムの新庄選手がレフトスタンドに打球を放つが、一二塁間で一塁走者を追い越しアウト。幻のサヨナラ満塁本塁打となった。（記録は単打で打点1）

## 【サヨナラ時の解釈】

　公認野球規則上でサヨナラ時の記録解釈について明確な規定はないが、記録部会では次のような取り扱いを推奨したい。

(a) 走者が三塁にいて、無死または一死から内野ゴロでサヨナラの場合。

① 内野手が本塁へ送球したとき、ミスプレイなく生還していたら、打者を一塁でアウトにできたかどうかに関わりなく打者に安打を記録する。

　**注** サヨナラのケースは走者がスタートしていれば本塁送球以外に選択肢はないと考えるので、野手選択を適用せず安打とする。

　　　ただし、本塁がアウトのタイミングで悪送球ならば失策とする。

② スクイズに対して、本塁にトスするもセーフでサヨナラ。そのとき打者走者が一塁に達していなくても安打とする。

③ 本塁送球を諦めて一塁へ投げてしまったり、勘違いで一塁に投げてしまったとき、審判員がアウトを宣告したとしても、アウトを無視して内野安打とし打点を記録する。投手の投球回数（1/3回）は加算しない。

　　（実例）2005年8月30日、ソフトバンク対ロッテ戦（福岡ドーム）、同点の9回裏一死三塁でソフトバンク・松中選手の打球は一ゴロ。ロッテ・福浦一塁手は本塁送球を諦め三塁走者が生還する前に一塁を踏むも、このアウトは無視し内野安打とした。

　　（実例）2014年夏の甲子園大会、市和歌山対鹿屋中央戦、同点の12回裏無死一・三塁で二ゴロ。二塁手は一塁へ投げてしまったが、このアウトは無視し内野安打とした。

④ 三本間でランダウンとなるも失策つかず生還した場合は野手選択で打点なし。

　　（70ページ「他に打点を記録しないケース」参照）

⑤ 内野ゴロを捕球した野手が一塁へ送球したのを見て三塁走者がスタート、一塁アウトの間に生還した場合はアウトの間の得点とし、打者には打数1、打点1を記録する。バントの打球であれば犠打で打点1。（いずれも一死増える）

⑥ 一死一・三塁または満塁で併殺を試み、二塁封殺のみ（併殺崩れ）でサヨナラとなった場合はそのまま記録する。打者は打数1、打点1、一死増える。（併殺が完成していればチェンジとなるので、二塁アウトは有効なアウトと考える）

(b) 走者一・三塁から重盗（ダブルスチール）を企てサヨナラ。一塁走者の二塁到達が、たとえ三塁走者の生還後であっても一塁走者にも盗塁を記録し重盗とする。一塁走者が挟まれてアウトを宣告された場合は、そのアウトを無視し本盗と一塁残塁とする。ただし、明らかに得点より一塁走者のアウトが先の場合は盗塁刺の間の得点とし、アウトカウントを増やす。

# 9.07 盗 塁・盗塁刺

## 【盗塁】

走者が、安打、刺殺、失策、封殺、野手選択、捕逸、暴投、ボークによらないで、1個の塁を進んだときは、その走者に盗塁を記録する。

(a) 走者が投手の投球に先立ってスタートを起こしていれば、たとえその投球が暴投または捕逸となっても、暴投または捕逸と記録しないでその走者には盗塁を記録する。

盗塁を企てた走者が暴投、捕逸によってさらに余分の塁を進むか、スタートを起こしていない他の走者が進塁した場合は、盗塁とともに暴投または捕逸も併せて記録する。

**注** スクイズのときスタートを起こしていた三塁走者が、打者のバント空振りもしくは見逃した結果、本塁セーフになれば盗塁を記録する。たとえその投球が暴投または捕逸であったとしても三塁走者には盗塁を記録する。アウトになれば盗塁刺。

**注** 投球がワンバウンドすると予測、あるいはワンバウンドしたのを見て走者がスタートを起こしたとしても、捕手が投球を弾くことなく確保して送球していれば、処理できているとみなし、暴投ではなく盗塁を記録する。アウトになれば盗塁刺となる。

**Q1**: 走者一・三塁で一塁走者だけが投球に先立ってスタート。投球が暴投となり三塁走者は得点し一塁走者は三塁に達した。

**A1**: 一塁走者の二塁進塁は盗塁、さらに暴投で三塁進塁。三塁走者は暴投による得点とする。

**Q2**：走者二塁で打者への四球目が暴投になった。二塁走者は投球に先立ちスタートして三塁に達した。

**A2**：二塁走者の三塁進塁は盗塁。

**Q3**：走者二塁で投球に先立ちスタート、打者の三振目を捕手が逸らし振り逃げで一塁に生きる。二塁走者は三塁に達した。

**A3**：打者は暴投もしくは捕逸による振り逃げ。二塁走者の三塁進塁は盗塁。仮に打者が一塁でアウトになっても二塁走者の三進は盗塁とする。

**Q4**：二死一塁で投球に先立ちスタート、打者の三振目を捕手が逸らし振り逃げで一塁に生き、二死一・二塁となる。

**A4**：このときの一塁走者の進塁に対して、盗塁は記録されない。(押し出されるから)

(b) 盗塁が企てられたとき、投手の投球を受けた捕手が盗塁を防ごうとして悪送球しても、盗塁だけを記録して捕手に失策を記録しない。ただし、その悪送球を利してさらに目的の塁以上に進んだ場合には、盗塁と捕手の失策を記録する。

**Q1**：走者一・三塁で一塁走者スタート、捕手が二塁へ悪送球し外野へ転がる。それを見て一塁走者は三塁に達し、三塁走者は得点した。

**A1**：一塁走者の二塁進塁は盗塁。三進と得点に対して捕手の失策を記録する。

**Q2**：走者一塁で投球に先立ちスタート、投球を受けた捕手はすぐさま二塁へ送球。一塁走者はアウトになると思い二塁ベース手前でいったん止まるが、捕手の送球が悪送球になったため再び走り二塁に達した。

**A2**：一塁走者に盗塁を記録する。

**注** スタートを起こしたもののいったん止まった走者が、捕手の悪送球を見て次塁へ進塁した場合、失策は記録せず盗塁とする。

(c) 盗塁を企てるか、けん制で追い出された走者がランダウンされ、失策によらずに次塁へ進めば盗塁を記録する。

盗塁を企てランダウンされた走者が失策によりアウトを免れたと判断したときは、その走者が次塁に進んでも元の塁に戻ったとしても、走者には盗塁刺を記録し守備者に失策を記録する。

(d) 走者が複数いて重盗が企てられたとき、一人の走者がアウト(盗塁刺)になればどの走者にも盗塁は記録されない。

**注** 原則：ひとつのプレイで盗塁と盗塁刺が同時に記録されることはない。

**Q**：走者一・二塁で重盗。捕手が三塁へ送球しセーフのあと二塁へ転送し一塁

　　　　走者アウト。
　　A：一塁走者は盗塁刺となるので三塁へ達した走者に盗塁は記録されない。

（e）盗塁を企てた走者がオーバースライドでアウトになったとき、盗塁ではなく盗
　　塁刺を記録する。
　　**注** 盗塁のケースでのオーバースライドは塁を確保したとはみなさない。
（f）野手が好送球を明らかに落としたために、盗塁を企てた走者がアウトを免れた
　　と記録員が判断したときは、落球した野手に失策を記録し、走者には盗塁ではな
　　く盗塁刺を記録する。
　　**メモ** （f）項を適用するのはアウトのタイミングが十分あった場合のみで、実際
　　に適用することはまれである。
（g）走者が盗塁を企てた場合、守備側がなんら守備行為を示さず無関心であるとき
　　は、その走者に盗塁を記録せず野手選択による進塁と記録する。
　　**メモ** アマチュア野球では（g）項を適用せず盗塁を記録している。


## 【盗塁刺】

（h）次に該当する走者がアウトになれば、その走者に盗塁刺を記録する。
　　①　盗塁を企てた走者
　　②　塁を追い出されたため次塁へ進もうとした走者（けん制などで、元の塁へ戻
　　　　ろうとした後に次塁へ進もうとした走者も含む）
　　③　盗塁を企ててオーバースライドした走者（スライディングせず、勢いで塁を
　　　　離れた走者も含む）
　　**注**　原則：走者が次塁を奪おうとしたとき、セーフになれば盗塁を記録するよ
　　　　うな場合にアウトになれば盗塁刺を記録する。逆にたとえセーフになって
　　　　いたとしても盗塁が記録されないような場合には、その走者がアウトに
　　　　なっても盗塁刺を記録しない。


## ～補足説明～

①　盗塁を企てセーフになったにもかかわらず、アウトになったと勘違いし確保し
　　た塁を離れた場合、
　　　ⅰ）明らかに元の塁の方向へ離れてタッグアウト→ 盗塁刺（確保した塁を放棄）
　　　ⅱ）元の塁の方向以外に離れてタッグアウト → 盗塁と走塁死（確保後の離塁）
②　一塁走者が盗塁を企てミスプレイなく一挙三塁に達した場合は、二進は盗塁、
　　三進は野手選択とする。三塁でアウトになったときは、盗塁と走塁死を記録する。
③　オブストラクション（走塁妨害）によって１個の塁を与えられた場合、あるい
　　は打者によるインターフェア（守備妨害）によって走者がアウトになった場合

は、盗塁刺を記録せず走塁死とする。

> 例 走者一塁でスタート。三振した打者が二塁送球をしようとする捕手を妨害
> し、走者にもアウトが宣告された場合、その走者は妨害によるアウトとし
> 盗塁刺を記録しない。
> （このとき三振と走塁死は連続したアウトなので、守備側に併殺を記録する）

④ 盗塁の際、危険なスライディングなど走者の妨害でアウトになった場合、その
走者に盗塁刺を記録する。

⑤ 走者一・二塁で、一塁走者がけん制などで塁を追い出されアウトになっても盗
塁刺を記録しない。（次塁には走者がいるため盗塁行為とはみなさない）
ただし、一塁走者がランダウンされている間に二塁走者も塁を離れ三塁に向
かった場合、一塁走者がアウトになれば盗塁刺を記録する。

⑥ 捕手が投球を逸らしたのを見てスタートした走者が、アウトになるか失策でア
ウトを免れたときは、その走者に盗塁刺を記録しないで走塁死とする。セーフ
になれば暴投もしくは捕逸を記録する。

## 9.08　犠牲バント・犠牲フライ

### 【犠牲バント（犠打）】

(a) 無死または一死で、打者のバントで1人または数人の走者が進塁し、打者は一
塁でアウトになるか、または失策がなければ一塁でアウトになったと思われる場
合は、犠牲バントを記録する。

> 注 打者のバントで先行走者がランダウンされながらミスプレイなく進塁した
> 場合、打者に犠打を記録しない。
> 二・三塁で三塁走者ランダウンされ生還、二塁走者は三進 → 犠打なし
> 二・三塁で二塁走者ランダウンされ三進、三塁走者は生還 → 犠打野選

打者が走者を進めるためでなく、安打を得ることが明らかであったと記録員が判
断したときには、打者には犠牲バントを記録しないで、打数を記録する。

> メモ 走者がいる場面でセーフティーバントをしたときにイニングやスコアを考
> 慮し記録員の判断となるわけだが、原注にある"常に打者有利に扱う"を根
> 拠に、アマチュア野球ではこれを適用せず走者を進めれば犠打を記録する。

(b) 無死または一死で、バントを扱った野手が次塁で走者をアウトにしようとして、
無失策にもかかわらずその走者を生かしたときには、犠牲バントを記録し、打者
走者も一塁に生きれば犠打野選とする。

ただし、普通の守備では打者を一塁でアウトにする機会がないと思われるバン
トを扱った野手が、先行走者をアウトにしようとして不成功に終わったときは、
打者には安打を記録し、犠牲バントとは記録しない。

> 注 バントを扱った野手がただちに打者走者に向わず、わずかに他の走者をう

かがったために一塁への送球が遅れて、打者を一塁に生かした場合には打者に安打を記録し、犠牲バントとは記録しない。
（73 ページ「安打を記録しない場合」④下線部を参照）
（c）打者のバントで次塁へ進もうとする走者のうち 1 人でもアウト（フォースアウト、タッグアウトの区別なく）にされたときは、打者に打数を記録するだけで、犠牲バントとは記録しない。

## ～ 補足説明 ～

① バントで進塁した走者が、オーバーランまたはオーバースライドしてアウトになった場合、打者は走者を安全に次塁に進めたとして犠牲バントを記録する。

② 走者がアウトになった場合だけでなく、アウトになるはずの走者が悪送球などミスプレイによって生きた場合にも犠牲バントは記録しない。

③ 無死一塁で送りバント成功にもかかわらず、二塁に達した走者が勘違いなどでその塁を離れた場合、
  ⅰ）明らかに元の塁の方向へ離れてアウト→ 犠打取り消し（確保した塁を放棄）
  　　※リバースフォースダブルプレイになるので打者に併殺打を記録する。
  ⅱ）元の塁の方向以外に離れてアウト　→　犠打と走塁死（確保後の離塁）
  （実例）2016 年の第 88 回選抜高校野球大会、高松商対いなべ総合戦。いなべ総合の10回表の攻撃は無死一塁で一塁線に転がる送りバント。一塁走者は進塁し打者がアウトになったためいったんは犠打成功となったが、二塁に達した走者がファウルと勘違いし元の塁へ戻ろうとし挟まれてタッグアウトになった。犠打は取り消され、リバースフォースダブルプレイの形になったので併殺打が記録された。

④ 送りバントをした打者走者が一塁へ向かう途中、野手に阻まれオブストラクション（走塁妨害）が宣告されたとき、実際に送りバントが成功していれば妨害出塁とはせず打者に犠牲バントを記録する。併せて打者走者の出塁に関して妨害した野手に失策を記録する。

Q1：無死二・三塁でスクイズバント。三塁走者はランダウンされるもミスプレイなく生還した。
A1：犠打なし。打点も記録せず打数 1 だけ。
Q2：無死一・三塁でスクイズバント。三塁走者はランダウンされるもミスプレイなく生還。一塁走者は二塁に達した。
A2：犠打野選。☞進塁義務のある一塁走者を進塁させているので犠打。打点はなし。
Q3：無死一・三塁でスクイズバント。三塁走者は得点したが、一塁走者が二

　　　　塁でアウトになった。

**A3**：犠打なし。　☞走者が1人でもアウトになれば犠打はない。打点はあり。

**Q4**：無死一・三塁で一塁前に送りバント。一塁手が一塁のベースカバーに入っ
　　　　た二塁手に送球し打者走者をアウトにしたあと、それを見てスタートし
　　　　た三塁走者を二塁手から捕手に転送し本塁でアウトにした。

**A4**：犠打。　☞一塁走者が二進し、打者がアウトになった時点で犠打成立。
　　　　　　　　　（打者と三塁走者のアウトは連続しているので併殺とする）

**Q5**：無死一・二塁で三塁前に送りバント。捕球した三塁手がどこに送球しよ
　　　　うかと塁上の走者をうかがい、結局一塁に送球したがセーフとなった。

**A5**：犠打ではなく打者に安打を記録する。

**Q6**：一死一塁で送りバント。打者走者をアウトにしようとした一塁への送球
　　　　が悪送球となり、一塁走者は一挙三塁に達した。しかし、一塁走者は二
　　　　塁を空過していたためアピールによってアウトになった。

**A6**：犠打なし。☞　結果的に一塁走者は次塁に進塁できてないから。


## 【犠牲フライ（犠飛）】

(d)　無死、または一死で打者が飛球（フライまたはライナー）を打って、外野手ま
たは外野の方まで回り込んだ内野手が、

①　捕球した後、走者が得点した場合

②　捕球し損じたときに走者が得点した場合で、仮に捕球されたとしても捕球後
　　走者が得点できたと記録員が判断した場合

には、打者に犠牲フライを記録する。

　　【原注】捕球されずに打者が走者となったために、野手が他の走者をフォース
　　　　　　アウトにした場合も上記②に該当すれば、犠牲フライを記録する。

　　**注**　内野手が捕球して（内野後方のフライ含む）得点した場合は、原則とし
　　　　て犠牲フライを記録しない。打球の性質が外野フライ（本来外野手が捕
　　　　球すべき打球）で、内野手が外野の方まで回り込んで捕球したときに犠
　　　　牲フライとなる。


**Q1**：無死三塁、飛球はライト線に上がり右翼手がファウルエリアで捕球。捕
　　　　球後三塁走者が得点。

**A1**：犠飛。　☞ファウルフライでも犠飛になる。

**Q2**：無死二塁で打者はセンター後方への大飛球。中堅手が捕球後に転倒する
　　　　のを見て、二塁走者は一挙生還。

**A2**：犠飛。
　　　☞走者が得点しているので犠飛とし打点を記録する。走者が三塁で止まっ

ていれば犠飛は記録されない。

Q3：一死三塁で打者はライトへの浅いフライ。右翼手は落球しそれを見て三塁走者は得点。

A3：犠飛なし。
　　☞浅いフライなので捕球していたら得点できなかったと考える。打者走者が一塁に生きたことと得点に対して右翼手の失策とする。

Q4：一死一・三塁で打者はライトへの浅いフライ。右翼手は落球しそれを見て三塁走者は得点するも一塁走者は二塁でフォースアウトにされた。

A4：犠飛なしだが、打点あり。
　　☞浅いフライなので捕球していたら得点できなかったと考える。ただし一塁走者が二塁でフォースアウトになったため失策を記録することができないので（90ページ「失策を記録しない場合」④参照）、打者には打点を記録する。

Q5：一死二・三塁でレフト後方へのフライ。左翼手は落球し、三塁走者は得点するも二塁走者が三塁でアウトになった。

A5：犠飛失策で打点を記録。打者走者の出塁に失策。
　　☞外野手後方へのフライなので、落球がなくても得点できたと考えるのが妥当。二塁走者はタッグアウトなので打者走者の出塁に対して左翼手の失策を記録する。

# 9.09　刺　　殺（プットアウト）

　刺殺は、打者または走者をアウトにした野手に与えられる。アウトの数だけ与えられるので1イニングに3個、9回の試合では計27個の刺殺が記録されることになる。

(a) 刺殺の記録が与えられる野手
　①　インフライトの打球（フライ、ライナー）を捕らえアウトにした野手。
　②　ゴロアウトの場合、打球または送球を受けて塁に触れた野手。
　③　塁を離れている走者に触球してアウトにした野手。

(b) 捕手に刺殺が与えられる主なケース
　①　打者が三振を宣告されたとき。
　②　打者が反則打球（打席の外に片足を完全に出して打った）でアウトになったとき。
　③　2ストライク後のバントがファウルでアウトになったとき。
　④　打者が自らの打球に触れてアウトになったとき。
　　　（本塁付近で触れた場合は捕手、一塁付近で触れれば一塁手に与える）
　⑤　打者が捕手の守備を妨害したとき。
　⑥　打順を誤ってアウトを宣告されたとき。
　⑦　フェアの打球にバットが再び当たってアウトになったとき。

(c) その他、規則により刺殺を与えるケース

① インフィールドフライを宣告されたが誰も捕らえなかった場合、その飛球を捕らえたであろう野手に与える。

② 走者がフェアの打球に触れてアウトになった場合、その打球の最も近くにいた野手に与える。

③ 走者が野手の触球を避けて3フィート離れて走りアウトになった場合、走者が避けたその野手に与える。

④ 前位の走者を追い越してアウトになった場合、追い越した地点に最も近い野手に与える。

⑤ 走者が野手を妨害してアウトになった場合、妨害された野手に与える。

## 9.10 補　殺（アシスト）

補殺の記録は、アウトに関与した野手に与えられる。

アウトが成立した場合（失策がなければアウトになった）、そのアウトが成立するまでに（失策が生じるまでに）送球したり、打球をデフレクト[*6]した各野手に補殺を記録する。

### ～用語説明～

＊6 〝デフレクト〟…野手がボールに触れ球速を弱めるか、ボールの方向を変えること。

### ～補足説明～

① ランダウンプレイのときのように、1プレイ中に同一プレーヤーが数回送球を扱っていても、与えられる補殺はただ1個に限られる。

② 三振のとき、投手に補殺は与えられない。

**Q1**：打者は三塁ゴロ。三塁手から一塁手に送球されアウト。

**A1**：三塁手に補殺を記録し、一塁手には刺殺を記録する。

**Q2**：走者二塁でライト前安打。右翼手から中継の一塁手をへて二塁走者を本塁でタッグアウトにした。

**A2**：右翼手と一塁手に補殺を記録し、捕手に刺殺を記録する。

**Q3**：打球が投手のグラブを弾き遊撃手の前に転がった。遊撃手から一塁手に送球されアウト。

**A3**：デフレクトした投手と送球した遊撃手に補殺を記録し、一塁手に刺殺を記録する。

## 9.11　ダブルプレイ・トリプルプレイ

ボールが投手の手を離れてからボールデッドとなるまでか、次の投球姿勢に移るまでの間に、途中に失策またはミスプレイ（失策と記録されない）がなく、2人または3人のプレーヤーをアウトにした場合、刺殺または補殺を記録した各野手にダ

ブルプレイ、またはトリプルプレイを記録する。

~ 補足説明 ~

① 定められた期間内に二つのアウトがあっても、双方のアウトに関連性がないときはダブルプレイとはしない。第一アウトの刺殺者が第二アウトの最初の補殺者であったときにダブルプレイとなる。

② ボールが投手に戻った後であっても、投球姿勢に移るまでに先のアウトに引き続きアウトが成立した場合もダブルプレイとなる。

**Q1**：走者一塁で打者がショートゴロ。遊撃手から二塁手に送球されて一塁走者をフォースアウト。併殺を狙った二塁手から一塁への送球が悪送球となり打者走者は二塁を狙ったが、カバーした捕手から遊撃手への送球でタッグアウト。

**A1**：二塁手の悪送球はミスプレイなので、連続したアウトとならず併殺にしない。

**Q2**：無死または一死で走者一塁。打者三振も三振目の投球を捕手が逸らすのを見て一塁走者が二塁を狙い、捕手からの送球でアウトになった。

**A2**：捕手が逸らしたのはミスプレイなので併殺にならない。

**Q3**：無死満塁で打者は二塁へ飛球を打ち上げインフィールドフライが宣告されるも二塁手が落球（打者はアウト）。得点を狙った三塁走者は二塁手からの送球でアウトとなった。

**A3**：落球はミスプレイなので併殺にならない。

**Q4**：走者一・二塁で打者はライトへの大飛球でアウト。一塁走者は打球が抜けたと勘違いし走り続け、二塁に戻った前位の走者を追い越してアウトになった。

**A4**：追い越しは規則によるアウトで飛球アウトとは関連性がなく、併殺にならない。

## 9.12　失　　策

### 【失策を記録する場合】9.12（a）

> 打者の打撃時間を延ばしたり、アウトになるはずの打者または走者を生かしたり、
> 走者に1個以上の進塁を許すようなミスプレイをした野手に、失策を記録する。

#### ▼打者の打撃時間を延ばす

① ファウルフライ落球（その後、その打者が一塁を得たかどうかは関係ない）

　(メモ) アマチュアではファウルフライ落球に失策を記録しないケースもある。
高校野球の甲子園大会では基本的に記録していない。

#### ▼アウトになるはずの打者または走者を生かす

① 普通の守備行為をすれば捕球できたはずのゴロをファンブル、またはフライ
を落球。

② ゴロを捕るか、送球を受けて塁または走者（打者走者含む）に触球すれば
アウトにできたのに、触球し損じたとき。

③ 送球がよければ打者または走者をアウトにできるタイミングであったのに、
悪送球したとき。

　(注) はっきりとしたミスプレイを伴わない緩慢な守備動作は、失策とはし
ない。

　(例) 野手がゴロをきちんと処理し、数歩ステップし一塁へ正確な送球をし
たもののアウトにできなかったときなど、その野手に失策を記録しない。

　(注) 失策を記録するにあたり、野手がボールに触れたか否かを判断の基準
とする必要はない。平凡なゴロが野手に触れないで股間を抜けたり、
平凡なフライが野手に触れないで地上に落ちたようなときは、普通の
守備行為をすれば捕ることができたと記録員が判断すれば、その野手
に失策を記録する。（71ページ「安打を記録する場合」④参照）

#### ▼走者に1個以上の進塁を許す

① 走者の進塁を防ごうとした送球が逸れ、その悪送球により余分な塁を許し
たとき。

　(メモ) 悪送球によって走者が進塁した場合、走者の数および塁数に関係な
く、常にただ1個の失策を記録する。

② 送球が不自然なバウンドをしたり、走者あるいは審判員に触れて変転した
ため走者に余分な進塁を許したとき。

　(注) 正確な送球をしたにもかかわらず、走者に当たって変転したため余分
な進塁を許した場合には、その送球をした野手に失策を記録する。そ
の野手にとって酷ではあるが、走者の進んだ各塁についてはその原因

を明らかにしなければならない。

## 【その他失策を記録する場合】

① 審判員がオブストラクション（走塁妨害）で進塁を許したときには、妨害行為を行った野手に失策を記録する。

> 例　一塁走者が一二塁間でランダウンされたとき、二塁手がオブストラクションをしたためにその走者が二塁を与えられた場合などには、二塁手に失策を記録する。

② 打撃妨害により打者が出塁を許されたときは、妨害した捕手に失策を記録する。

③ インフィールドフライを落球または全く触れることなく落とし、走者に余分な進塁を許したときには、その野手に打者アウトの刺殺とともに失策を記録する。また、インフィールドフライと宣告された打球が野手に触れることなく落ちファウルになった場合も、打者の打撃時間を延ばしたとして、該当する野手に失策を記録する。(88 ページ「失策を記録する場合」▼打者の打撃時間を延ばす (メモ) 参照)

> 例　満塁で三塁へのインフィールドフライを落球し、各走者は落球を見てスタート。三塁手はボールを拾い本塁に送球するも捕手はフォースプレイと勘違いしタッグせず得点を許した。この場合は捕手ではなく起因（落球）となった三塁手に失策を記録する。(捕球していれば走者の進塁はなかったと考えるため)

④ 併殺または三重殺のとき、最後のアウトに対する好送球を野手が落としたときには、落球した野手に失策を記録し、好送球した野手には補殺を記録する。(リバースフォースダブルプレイのときも同様に扱う)

⑤ 暴投、または捕逸となった投球がさらに野手に触れてダッグアウトに入ったため、走者にさらにもう 1 個の進塁が許されたときには、暴投または捕逸とともに投球に触れた野手に失策を記録する。ただし、走者が盗塁を企てていた場合には、盗塁と失策による進塁となる。

⑥ 第 3 ストライクを捕らえ損じた捕手が、直ちに投球を拾い十分アウトにできるタイミングで一塁に送球するも悪送球となって打者走者を生かした場合、捕手に失策を記録する。ただし、悪送球とは関係なく打者走者を生かしたと判断すれば暴投または捕逸を記録する。

⑦ 打球が野手のユニフォームに入り打者に一塁が与えられたとき、捕球し損じたためであれば失策を記録する。(74 ページ「安打を記録しない場合」の QA 参照)

⑧ 次のような勘違いには、その野手に失策を記録する。

> ◇ ワンバウンドの投球を捕球した捕手が振り逃げとは思わず何もしない間に進塁を許す（ボールを保持）。
> 
> (実例)　2007 年神奈川県大会準決勝、東海大相模対横浜戦の 4 回表東海大相模は二死一・三塁で打者がワンバウンドを空振り三振。捕手

　　　はチェンジと勘違いし打者へのタッグを怠ったままベンチへ。その間にまだアウトになっていない打者と走者は走り続けて得点した。この場合、チェンジと勘違いした捕手に失策を記録する。

◇　アウトカウントを間違えて、スタンドにボールを投げ入れる。

　**（実例）** 2003年5月21日、巨人対ヤクルト（福岡ドーム）の6回表一死一・二塁で打者はレフトフライでアウト。巨人のレイサム左翼手は捕球後チェンジと勘違いしスタンドへ投げ入れる。5.06 (b) (4) (G) を適用し各走者に2個の塁が与えられたが、その原因として悪送球したレイサム選手に失策を記録した。

◇　アウトカウントを間違えマウンドにボールを転がし、進塁を許す。

◇　内野手がフェアのゴロを捕球したが、ファウルと思い込みプレイを止める。

◇　内野手がワンバウンド捕球をダイレクトキャッチと思い込みプレイを止める。

## 【失策を記録しない場合】9.12 (d)

①　走者が盗塁を企てたとき、投球を受けた捕手が悪送球しても失策を記録しない。ただし、その悪送球を利して目的の塁以上に進むか、他の走者が1個以上進塁した場合は捕手に失策を記録する（80ページ 9.07 盗塁 (b) 参照）

②　野手が普通に守備して、しかも好送球を送っても走者をアウトにできないと判断した場合には、野手が悪送球しても失策を記録しない。ただし、その悪送球によってその走者または他のいずれかの走者が余分に進塁したときは失策を記録する。

　　**注**　野手が難しい打球に対して非常に好守備をしたが、体勢が崩れたため悪送球をした場合にはアウトのタイミングであっても安打とするのが妥当である。

③　野手が併殺または三重殺を企てた場合、最後のアウトをとろうとした送球が悪送球になったとしても、その悪送球をした野手に失策を記録しない（アウトを1個とっているから）。ただし、その悪送球のためにいずれかの走者が余分な塁に進んだときは失策を記録する。（89ページ「その他失策を記録する場合」④参照）

④　野手がゴロをファンブルするか、フライやライナーの打球を落とした後に、ただちにボールを拾ってどの塁ででも走者をフォースアウトした場合には、その野手に失策を記録しない。

　　**例**　一死一・二塁。打者はセンターに飛球を打ち上げた。中堅手は落球したが拾ってすぐに二塁に送球し一塁からの走者をフォースアウト。二塁走者は三塁に進み二死一・三塁となった。この場合中堅手に失策は記録せず、三塁進塁はアウトの間とする。

⑤　暴投および捕逸は、投手または捕手に失策を記録しない。（92ページ、暴投・捕逸参照）

⑥　頭脳的誤り、判断の誤りは失策と記録しない。

頭脳的誤り→◇　投手が一塁ベースカバーに入らないで打者走者を生かす
　　　　　　　◇　ファウルになると思い打球を処理しなかったが、結局フェ
　　　　　　　　　アになる
　　　　　　　◇　バント小飛球をワンバウンドで処理し併殺を狙うもアウ
　　　　　　　　　トーつ
判断の誤り→◇　間に合わない塁に不正確な送球
　　　　　　　　　（悪送球となり余分な塁を与えれば、悪送球した野手に失策）

Q1：打者が三塁線に強い打球を放ち、三塁手が横っ飛びで好捕して崩れた体
　　勢から一塁へ送球するも悪送球となった。打者走者は悪送球を見て二塁
　　に達した。
A1：安打と失策を記録する。二塁に達したのは三塁手の悪送球が原因。
Q2：一死一塁でショートゴロ。遊撃手は二塁に送球し一塁走者をフォースア
　　ウト。さらに併殺を狙った二塁手からの一塁送球が逸れて打者走者を生
　　かした。
A2：ひとつアウトを取っているので、一塁への悪送球に対して失策は記録しな
　　い。
Q3：無死満塁で打者は二塁へ飛球を打ち上げインフィールドフライが宣告さ
　　れたが二塁手が落球。得点を狙った三塁走者は二塁手からの送球でアウ
　　トになり、この間に一・二塁の各走者もそれぞれ進塁した。
A3：二塁手に失策を記録しない。☞走者の進塁はアウトの間とする
Q4：第3ストライクを捕らえ損じた捕手が、直ちに投球を拾い一塁に送球し
　　たが悪送球となって打者走者を生かした。
A4：送球がよければアウトにできたと判断すれば、暴投または捕逸ではなく
　　捕手に失策を記録する。
Q5：一死一塁で打者はショートゴロ。遊撃手からの二塁送球が逸れ（二塁手
　　は捕球するがベースから足が離れた）一塁走者はセーフとなるも、二塁
　　手から一塁に転送され打者走者はアウトとなった。
A5：打者走者がアウトになっている（ひとつアウトを取った）ので、一塁走
　　者を生かしたことに対して失策を記録しない。ただし打者走者もセーフ
　　となれば送球ミスした遊撃手に失策。

## 9.13　暴　投・捕　逸

### 【暴　投】

(a) 投手の正規の投球が「高すぎる」か「横にそれる」か「低すぎる」ために、捕手が普通の守備行為で止めることも処理することもできず、走者を進塁させた場合には暴投を記録する。

> 例1 ワンバウンドした投球を捕手が弾き、それを見て走者が次塁を狙うも、ボールを拾い直して送球し走者をアウトにした場合、暴投を記録しない。（記録は走塁死）

> 例2 投球がワンバウンドするのを見て走者スタート。捕手はワンバウンドの投球をキャッチして送球するもセーフとなった場合、その走者の進塁には暴投ではなく盗塁を記録する。アウトになれば盗塁刺を記録する。

>> 注 たとえ投球がワンバウンドになっても、捕手がキャッチして送球していれば「処理できている」ことになるので暴投による進塁ではなくなる。
>> （79 ページ、9.07 盗塁（a）参照）

### 【捕　逸】

(b) 普通の守備でなら保持することができたと思われる投手の正規の投球を、捕手が保持または処理しないで、走者を進塁させた場合には捕逸を記録する。

### ～ 補足説明 ～

① 第3ストライクが暴投または捕逸となり打者が一塁に生きた場合、三振と暴投、または三振と捕逸を記録する。

② 走者が複数いて、捕手が投球を逸らすのをみて次塁を狙うも、一人でも（塁は問わない）アウトにすれば暴投または捕逸を記録しない。他の走者の進塁はアウトの間の進塁とする。

③ 無死二塁で第3ストライクを捕手が捕らえ損ね、二塁走者が三塁を狙うも、捕手がボールを拾い直して三塁へ送球しアウトにした。打者走者の出塁（振り逃げ）は暴投または捕逸とせず、アウトの間とする。

④ 無死二塁で第3ストライクを捕手が捕らえ損ねるも、捕手はボールを拾い直して一塁へ送球し打者走者をアウトにした。この間に二塁走者は三塁へ進塁した。
　　※二塁走者が三塁に進塁した記録は、スタートのタイミングで判断する。
　　　ⅰ）捕手が逸らしたのを見て三塁へ　⇒　暴投または捕逸
　　　ⅱ）捕手が一塁へ送球したのを見て三塁へ　⇒　打者走者アウトの間
　　　ⅲ）投球と同時にスタートしていた　⇒　盗塁

## 9.14 四 球・故意四球

(a) ストライクゾーンの外に4個の投球が投げられ、打者が球審から一塁を与えられたときに四球が記録される。しかし、四球目の投球が打者に触れたときは死球が記録される。

> （メモ）1個の四球に対して2人の投手が関与した場合は野球規則9.16（h）（1）の通り。
>
> （113ページ、「投手の責任を明らかにする場合」参照）
>
> また、1個の四球に2人以上の打者が関与したときは、最後の打者に四球の記録が与えられる。

(b) 故意四球は投球する前から立ち上がっている捕手に四球目にあたる「ボール」を投手が意識して投げた場合に記録される。

### 【申告制の故意四球】

守備側チームの監督が故意四球とする意思を球審に示して、打者が一塁を与えられたときには、故意四球が記録される。

> （注）申告制の故意四球があったとき、投手は投球していないので球数には含まない。ただし、カウントの途中からの場合は、それまでの投球は球数に含む。

## 9.15 三 振

(a) 次の場合、三振が記録される。

① 第3ストライクを捕手が捕えて打者がアウトになったとき。

② 無死または一死で走者が一塁にいるとき、第3ストライクが宣告され打者がアウトになったとき。

③ 捕手が第3ストライクを捕らえず、打者が走者となったとき（いわゆる振り逃げ）

④ 2ストライク後、打者がバントしファウルになったとき（3バント失敗）。ただし、そのバントがファウル飛球として捕らえられた場合は、三振ではなく飛球アウトと記録する。

(b) 打者が2ストライク後に退き、代わった打者が三振に終わったときは、最初の打者に三振と打数を記録する。代わった打者が三振以外で打撃を完了した（四球含む）場合には、すべて代わって出場した打者に記録する。

> （注）1打席に3人の打者が代わって出場し、3人目の打者が三振に終わったときには、2ストライクが宣告された打者に三振と打数を記録する。

## 9.16　自責点・失　点

自責点を考えるうえで、要点を以下のようにまとめてみた。

◆　失点とは、投手が任務中に相手に与えた得点のことで、回の途中で走者を残して退いた場合は原則として残した走者の数だけ責任を負わなければならない。（走者が誰であったかにこだわらず、残した走者の数で考える）

◆　自責点とは、失点の中で投手が責任を持たなければならない得点のことで、守備側が3人アウトにできる守備機会（アウトの機会）をつかむ前に、失策や捕逸によらないで得点するたびごとに記録される。

**注**　「得点するたびごとに記録される」とは、得点した後で、後続打者による打撃結果などの「事後要素」を含めて考えるのではなく、「得点した時点」で自責点とするか否かを決定することである。

(a)【自責点になるケース】9.16（a）

　安打、犠打、犠飛、盗塁、アウトの間、野手選択、四球、死球、ボーク、暴投（三振振り逃げも含む）により走者が得点した場合。

(b)【自責点にならないケース】

　①　ファウルフライ落球（失策が記録される）で打撃時間を延ばされた打者が、安打等で出塁し得点した場合。

　②　野手の失策、妨害または走塁妨害で出塁した走者が得点した場合。

　③　走者に対し実際にプレイ（挟殺、先行走者の封殺）が行われ、失策によりアウトを免れた走者が得点した場合。　　　9.16（c）

　④　失策、捕逸あるいは守備側の妨害の助けを借りて進塁した走者が得点した場合、このようなミスプレイの助けを借りなければ得点できなかったと判断したとき。　　　9.16（d）

※ただし、現実にミスプレイの助けをかりて進塁していたが、そのミスプレイがなくてもその後自責点となる要素に基づいて当然進塁して得点できたと判断した場合は、自責点とする。

**注1**　投手の守備上での失策は、野手の失策と同様に扱い自責の要素から除かれる。9.16（e）

**注2**　同一イニングに2人以上の投手が出場したときの救援投手は、出場するまでの失策や捕逸によるアウトの機会の恩恵を受けず、それまでのアウトの数を基にして改めてイニングを終わらせなければならない。9.16（*i*）

**例1**

①三塁打。②のとき捕逸で得点したあと②は三塁打を打った。**得点した時点で自責点か否か決めるので、捕逸による得点は自責点にならない。** その後の三塁打で得点できたと考えない。

**例2**

①と②は凡退。③は三ゴロ失策で一塁に生き、④が本塁打。 ⑤三振でチェンジ。この回の自責点は記録されない。**失策がなければ、この回は③で終わっていたはずだからである。（③でアウトの機会3度目）**

**例3**

①と②は凡退。③打撃妨害出塁のあと④が本塁打。⑤三振でチェンジ。この回の自責点は1点である。捕手の妨害（打撃妨害）で一塁に生きた打者走者が得点しても自責点とはしない。ただし、打撃妨害出塁は〝アウトの機会〟ではないので、打者③で第3アウトになっていたとは考えない。よって④の本塁打は自責点。

**例4**

①二ゴロ失で出塁。②遊ゴロで一塁走者①を二塁封殺し、②は一塁に残る。 ③三塁打で②が得点。自責点としない。
**②は失策出塁①の「身代わり」であるので、非自責点の要素である。**

**例5**

①中前安打で出塁。②の遊ゴロを遊撃手がはじき失策。③の左前安打で①が得点。ゴロ捕球の失策（ファンブルまたは後逸）の際は、図-例5のように二通りの考え方ができる。**打者②の出塁が失策によるものであれば、①は二進できており③の安打で得点できるので自責点。一方、失策で一塁走者が封殺を免れたと判断すれば、アウトになっていたはずの走者が得点したとして自責点とはしない。**

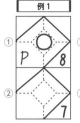
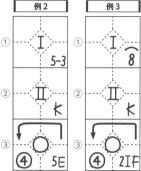

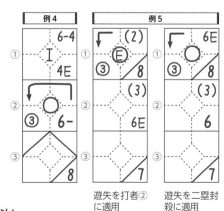

遊失を打者②に適用　　遊失を二塁封殺に適用

★ すなわち、打者を失策による出塁とするか、一塁走者が失策により封殺を免れ
たとするかは記録員の判断である。疑義があれば投手有利（自責点にならない
よう）に判断する。
　いずれもアウトの機会として数える。

#### ◆アウトの機会

　実際にアウトにした数と失策によりアウトを免れた数を「アウトの機会」といい、
**同一イニングでアウトの機会が３度あれば３アウトとなり、以降の得点は全て
自責点とはならない。**ここでは改めて「アウトの機会の数え方」を説明する。

#### ▽アウトの機会「１度」

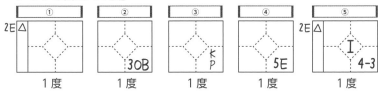

① ファウルフライ失策によって打撃時間を延ばされたとき。
② 走塁妨害で一塁を得たとき。（妨害した野手に失策）
③ 捕手の第３ストライクの後逸によって一塁を得たとき。（捕逸による振り逃げ
出塁）
④ 野手の失策によって一塁を得たとき。
⑤ ファウルフライ失策によって打撃時間を延ばされた打者が、アウトになるか失
策によって一塁を得たときは、アウトの機会は２度あったように見えるが１
度と数える。（打者１人では、アウトの機会１度）

⑥ １度アウトの機会の
あった打者または走者
が、自らの走塁行為で
アウトになったとき
（盗塁刺、けん制死あ
るいは余塁を奪おうと
しアウト）は、アウト
の機会は２度あった
ように見えるが、１度
と数える。

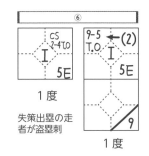

失策出塁の走者が盗塁刺

失策出塁の走者が右
安で三塁を狙いアウ
ト。走塁死

## ▽アウトの機会「2度」

⑦　1度アウトの機会のあった打者または走者が、他の打者の行為に起因した野手の選択守備でアウトになったとき（またはアウトを免れた）は、アウトの機会は「2度」と数える。

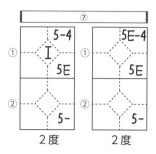

失策出塁の①が②の三ゴロで二塁封殺になった場合、あるいは失策でアウトを免れた場合は、「2度」と数える。

⑧　ファウルフライ失策で打撃時間を延ばされた打者の打撃行為で先行走者を封殺したときは、先行走者がすでにアウトの機会があったかどうかに関係なく、このプレイでのアウトの機会は「2度」と数える。（打者についてはファウルフライ失ですでにアウトの機会1度）

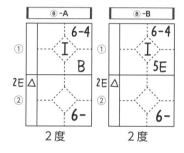

A　四球出塁①が、ファウルフライ失策で生きた②の遊ゴロで二塁封殺。
B　失策出塁①が、ファウルフライ失策で生きた②の遊ゴロで二塁封殺。
いずれもアウトの機会は「2度」

⑨　1度アウトの機会のあった打者または走者が、他の打者とともに併殺となったときは、アウトの機会は3度あったように見えるが、「2度」と数える。

A　二ゴロ失策で出塁した①が、②の三ゴロで併殺になったときは、「2度」と数える。
B　①二ゴロ失策、②中安で一・二塁。③は三ゴロで5-5-3の併殺になった。アウトの機会は「2度」

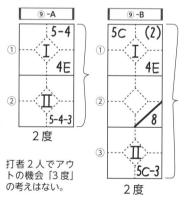

打者2人でアウトの機会「3度」の考えはない。

失策の走者が打者とともに併殺にされた場合は、3度ではなく「2度」と数える。

### ▽アウトの機会「3度」

⑩　1度アウトの機会のあった走者（①または②）が、他の走者とともに併殺された場合は、「3度」と数える。

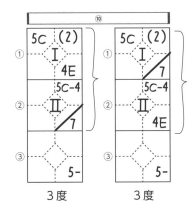

### ▽その他

⑪　走者が塁を空過し、アピールされアウトになったときは、右の図のように数える。

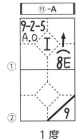

1度

A　三塁を空過
失策出塁で二塁に達していた走者①が、②の安打で本塁に達するも三塁を空過していた。アウトの機会は1度。
（②は安打出塁）

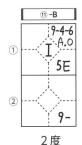

2度

B　二塁を空過
失策出塁①が②の安打で二塁を空過。
アウトの機会は2度。
（①は封殺となるため、②の安打は取り消されゴロ扱いになる。）

### ▽アウトの機会に数えないケース

次のミスプレイ（失策）は、余分な進塁を与えたものであって、アウトを免れた失策ではないので「アウトの機会」とは数えない。

◇打撃妨害出塁（捕手に失策を記録するが、アウトの機会とはしない）
◇1個以上の余分な進塁を許すような失策およびミスプレイ
　　ⅰ）外野への安打の打球を外野手が後逸し、安打以上の余塁を与えたとき
　　ⅱ）内野安打性の打球を処理した内野手が、間に合わない塁に悪送球し余塁を与えたとき
　　ⅲ）投手のけん制球が悪送球となり、余塁を与えたとき
　　ⅳ）盗塁を阻止しようとした捕手からの送球が悪送球となり、余塁を与えたとき
　　ⅴ）捕逸

### 例 6-A

①中前安打で出塁し捕逸で二進。②の単打で得点。これは自責点としない。

### 例 6-B

①中前安打で出塁し投手のけん制悪送球で二進。②の単打で得点。自責点としない。

**A・Bともに、ミスプレイ（捕逸またはけん制悪送球）による進塁はなかったものとするので、②の単打では得点できないと考える。**

### 例 7

例 6-A、B とも、②が三塁打以上なら自責点となる。

### 例 8-A

①中前安打で出塁し捕逸で二進。②四球。③の単打で①が得点。自責点。

**ここでは、捕逸がなくても、②の四球で押し出されるので①は二塁に進塁できると考える。**

### 例 8-B

①中前安打。②三塁への内野安打で三塁手が一塁へ悪送球し二・三塁。③四球。④右犠飛で①が得点。自責点。**失策がなくても③の四球で①、②ともに押し出されるので打者④のとき満塁と考える。**

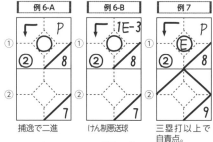

捕逸で二進　　けん制悪送球　　三塁打以上で自責点。

ミスプレイによる進塁はなかったものとして考える。

★ミスプレイ後に打者の四球、死球で押し出されればそのミスプレイはなかったものとして考える。
★ミスプレイ後、安打による進塁を考慮する場合、塁打通り進ませる。

### 例 9-A

①四球、②三ゴロ失策、③四球で満塁。④も四球を得て①が得点した。①は自責点としない。

**失策の走者はいないものとして考える（押し出しの軸にならない）ので、打者④のとき一・二塁。④の四球で①は押し出されない。④が二塁打以上の長打で①、②が得点した場合には、①を自責点とする。**

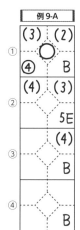

**例 9-B**

①二ゴロ失策、②四球で一・二塁。③三ゴロで①を三塁で封殺。④四球で満塁。⑤も四球を得て②が得点した。②は自責点としない。

**③は失策出塁①の身代わりなので、いないものとして考える（押し出しの軸にならない）。打者⑤のとき、二死一・二塁と考える。**

**例 10**

①二ゴロ失策、②四球で一・二塁。③三ゴロで①を三塁で封殺。④単打で満塁。⑤も中前安打し②が得点した。②は自責点。打者⑤のとき、二死一・三塁と考える。

**走者②は失策とは無関係に進塁しているので、自責点の要素の進塁として扱う。実際に④の単打で三塁に進塁している。**

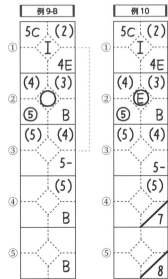

**例 11**

①二塁内野安打で二塁手が一塁に悪送球し二塁に達する。②右飛で一死二塁。③の単打で一・三塁。④二塁打し①が得点。①は自責点。

**ミスプレイ後、安打による進塁を考慮する場合、基本は塁打通り進ませるので、打者④のとき、一死一・二塁と考える。**

**例 12**

例 11 と同様、打者④のとき一死一・二塁と考える。④は単打であったが、③が二個の進塁をしているので、①は想定塁の二塁から得点できたと考え自責点とする。

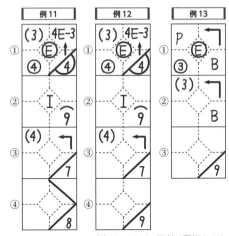

例 12、13 は、打者の塁打よりも、得点した①より後位の走者の実際の進塁数が優先。

**例 13**

①四球で出塁。②のときの捕逸で一挙三塁まで進む。②四球、③の単打で①は得点し②は三塁まで進む。自責点。

**捕逸の進塁はないものとするが、②の四球で押し出され一・二塁と考える。③の単打で後位の走者②が二個の進塁をしているので、①は二塁から得点できたと考える。**

　ここまでの例でも得点する前の想定塁を示してきたが、自責点を正確に決定するためには、ミスプレイ後の打者の打撃行為で走者が進塁した場合、実際の塁上ではなく「**自責点上ではどの塁にいるか**」を把握しておきたい。ここからは自責点上の想定塁をいくつか示していく。

> **★ミスプレイ（失策・捕逸）後のゴロアウト、フライアウト、犠打、盗塁、暴投、ボークでは走者は進塁できなかったものとする。**

### 例14

①四球で出塁し捕逸で二進、②二ゴロでアウトの間に①は三進。③の二塁打で①が得点。自責点としない。

**捕逸後のゴロアウトで進塁したとはみなさないので、打者③のとき一死一塁と考える。**

### 例15

①右前安打、右翼手が後逸で二進。②の犠打で①は三進。③の二塁打で①が得点。自責点としない。

**失策進塁後の犠打で進塁したとはみなさないので、打者③のとき一死一塁と考える。**

### 例16

①右安と右翼手の後逸で進塁。②二ゴロで三進。③投ゴロ失策で①はそのまま。④の三塁打で①と③が得点。①は自責点、③は自責点としない。

**①は②のゴロでも③の投ゴロ失でも進塁したとしない。右翼手の後逸はアウトの機会ではないので、打者④のとき二死一塁と考える。よって三塁打以上で①は自責点。**

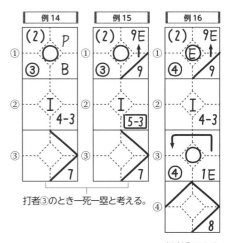

打者③のとき一死一塁と考える。

打者④のとき二死一塁と考える。

**例17**

①右安と右翼手の後逸で二進。②右飛、③左安で一・三塁、④のとき③が盗塁し二・三塁とし、④の中安で①と③が得点。

**打者④のとき、①、③ともに二塁と考える。③が実際に二個の進塁をしているので①は自責点。③は全て自責点の要素で得点している。**

**例18**

①右安と右翼手の後逸で二進。②のとき暴投で三進し②は四球で一・三塁。③三ゴロの間に二・三塁となり、④の中安で①、②得点。

**ミスプレイのあった①は四球で二塁へ進塁したと想定するが、次打者のゴロアウトでは二塁のまま進塁させない。ミスプレイに関係のない②はゴロアウトで二塁へ進塁するので、打者④のとき、①、②ともに二塁と考える。よって2点とも自責点。**

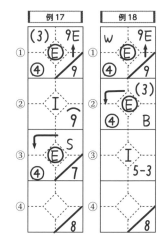

打者④のとき「二塁・二塁」と考える。

★同一塁に2人の走者がいることは現実にはありえないが、自責点を考える上で「二塁・二塁」と想定することがある。

**例19**

①中安、②四球で一・二塁。③のとき捕逸でそれぞれ進塁し、③は二ゴロで①が本塁でアウトになり、③は一塁に残る。④右安で②は得点し、③は三塁まで進む。

**③は安打で出塁した①の身代わりなので、一塁上にいるはずの②を押し出すと考え、打者④のとき一・二塁と考える。④は単打であったが③が二個の進塁をしているので、②は自責点。**

**例20**

①右安と右翼手の後逸で二進。②遊ゴロで遊撃手が三塁へ送球するも野選となり一・三塁。③の右安で①得点し②は三塁へ。

**野手選択は進塁させた（押す）と考え、打者③のとき一・二塁と考える。③は単打だが②が二個進塁しているので①は自責点。**

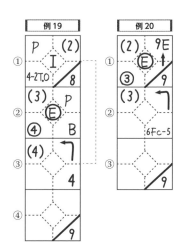

### 例21

①右安と右翼手の後逸で一挙三進。②の遊ゴロで三塁走者飛び出
したのを見て遊撃手が三塁へ送球するも走者戻り野手選択となる。
③の右安で①得点し②は二塁へ。

**例20と同様、打者③のとき一・二塁と考える。③は単打で②も
一個の進塁なので、①は自責点としない。**

　★**ミスプレイ後の野手選択は進塁したとみなす**（四球と同じ考え）

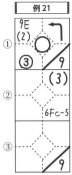

---

◆その他

★ファウルフライ失策によって打撃時間を延ばされた打者の打撃を完了したプレ
　イに基づく走者の進塁は、ミスプレイの助けをかりた進塁とみなす。

### 例22

①、②四球で一・二塁。打者③はファ
ウルフライ失策後に本塁打。3点と
も自責点としない。

**ファウルフライ失策がなければ、③
が本塁打を打つことはなかったと考
えるから。**

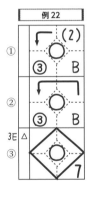

### 例23

①、②四球で一・二塁。③はファウ
ルフライ失策後に二ゴロでその間に
二・三塁。④二塁打し①と②が得点。
②の得点は自責点としない。

**ファウルフライ失策がなければ、ゴ
ロアウトでの進塁はなかった。④のとき一死一・二塁と考える。**

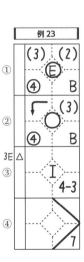

### 例24

①、②四球で一・二塁。③はファウルフライ失策後に遊ゴロで①が三塁で封殺され一死一・二塁。④右安し②が得点。②の得点は自責点としない。

**ファウルフライ失策がなければ、ゴロアウトでの進塁はなかった。④のとき二死一塁と考える。アウトの機会は2度。**

（アウトの機会⑧-A 参照）

### 例25

①左安、②のときファウルフライ失策があり、さらに②の打席中に盗塁し二進。②は三振、③中安で①が得点。①は自責点。

**ファウルフライ失策後、その打者の打席中の盗塁、暴投、ボークは進塁したものとし自責点の要素。**

### 例26

①三ゴロ失策で出塁。②の打球は一二塁間で一塁走者に当たる（①守備妨害でアウト、②は安打が記録される）。③2点本塁打。②の得点は自責点としない。②は記録上安打だが、失策出塁①の身代わりだから。

### 例27

①、②、③四球で満塁。④打撃妨害で出塁し①が得点。自責点としない。

打撃妨害出塁はなかったものと考え、自責点にはならないが打点は記録する。アウトの機会ではないので次の打者で無死一・二塁と考える。

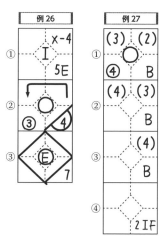

9.16 (g)　ある投手が回の途中で走者を残して退いた後を救援投手が受け継ぎ、その任務中に、前任投手が残した走者が得点した場合はもちろん、救援投手に対した打者の打球により、野手の選択守備で前任投手が残した走者をアウトにしたために塁に出た打者が得点した場合にも、その得点は（いずれの場合も自責点、非自責点を問わない）前任投手のものとして数える。

【原注】　ここでは、残された走者の数が問題であって、走者が誰であったかにこだわる必要はない。前任投手が走者を残して退き、救援投手が出場して、その回の任務中に得点が記録されたときは、次の例外を除いて、たとえ残した走者がアウトにされることがあっても、その残した走者の数までは、前任投手が責任を負わなければならない。
**すなわち、残された走者が盗塁に類する行為または妨害など、打者の行為によらないでアウトになったときは、残された走者の数は減ぜられる。**

9.16 (i)　同一イニングに2人以上の投手が出場したときの救援投手は、そのイニングでの自責点の決定にあたっては、出場するまでの失策または捕逸によるアウトの機会の恩恵を受けることはできない。

【原注】　本項の目的は、救援投手が自責点にならないことを利用して、無責任な投球をするのを防ぐためのものである。
救援投手にとっては自責点となっても、チームにとっては自責点とならない場合がある。
（例47～例50）

## ▽投手交代があったときの基本的な考え方

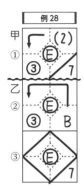

**甲の失点 1**
**乙の失点 2**

甲が残した走者の得点は甲
の責任。

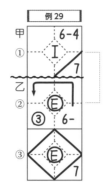

**甲の失点 1**
**乙の失点 1**

②は①の身代わりなので、
甲の責任となる。

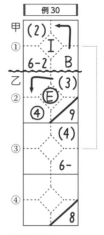

**甲の失点 1**

①の身代わり③は得点して
いないが、甲は残した走者
の数だけ責任を負わなけれ
ばならない。
（走者が誰であったかには、
こだわらない）

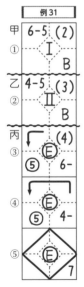

**甲、乙、丙**
**ともに失点 1**

甲と乙は、残した走者の数
だけ責任を負わなければな
らない。

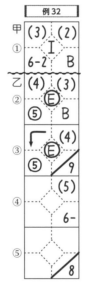

**甲、乙**
**ともに失点 1**

甲は、残した走者の数だけ責
任を負わなければならない。

106

## ▽前任投手の残した走者の数が減ぜられる場合

ⅰ）盗塁に類する行為でアウトになったとき…盗塁刺、けん制死（例33、35、36）

ⅱ）余塁を奪おうとしてアウトになったとき（例34、37）

ⅲ）併殺で打者と共にアウトになったとき

★前任投手の残した走者が救援投手に対した打者と共に併殺されたとき。（例38、39）

★救援投手に対した打者の行為で前任投手の残した2人の走者が併殺されたときは、1が減ぜられる。（例42）

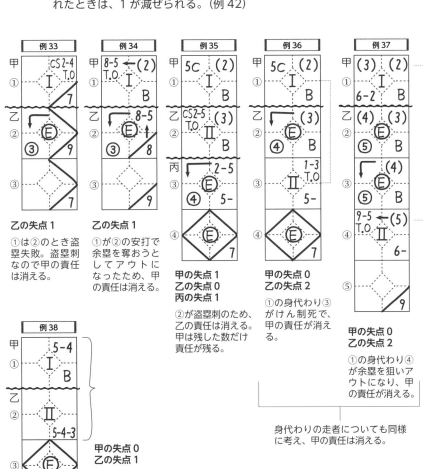

**例33**

乙の失点1

①は②のとき盗塁失敗。盗塁刺なので甲の責任は消える。

**例34**

乙の失点1

①が②の安打で余塁を奪おうとしてアウトになったため、甲の責任は消える。

**例35**

甲の失点1
乙の失点0
丙の失点1

②が盗塁刺のため、乙の責任は消える。甲は残した数だけ責任が残る。

**例36**

甲の失点0
乙の失点2

①の身代わり③がけん制死で、甲の責任が消える。

**例37**

甲の失点0
乙の失点2

①の身代わり④が余塁を狙いアウトになり、甲の責任が消える。

身代わりの走者についても同様に考え、甲の責任は消える。

**例38**

甲の失点0
乙の失点1

①は乙に対した打者②とともに併殺となったため、甲の責任は減ぜられる。

107

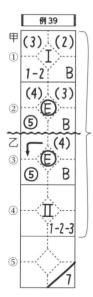

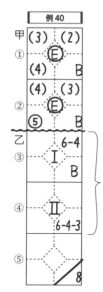

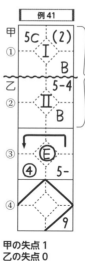

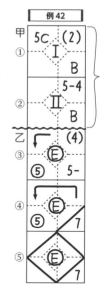

**甲の失点 1**
**乙の失点 1**

①は乙に対した打者④と共に併殺されたので、甲の責任が 1 減ぜられる。

**甲の失点 2**
**乙の失点 0**

乙に対した打者④の併殺で、甲の残した走者はアウトになってないので、残した数だけ責任がある。

**甲の失点 1**
**乙の失点 0**

乙に対した「打者」と共に併殺されていないので、甲の責任は減ぜられない。

（一見、甲の責任は消えたように見えるが、このケースでは減ぜられないので注意すること）

**甲の失点 1**
**乙の失点 2**

乙に対した打者の行為で甲の残した 2 走者が併殺されたため、甲の責任が 1 減ぜられる。

（1 しか減らない）

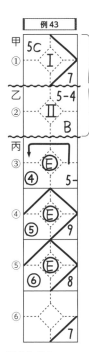

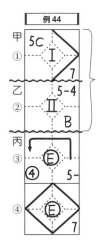

甲の失点 1
乙の失点 0
丙の失点 1

例43と同様に考えると甲と乙の責任は
残っている。しかし本塁打は例外で、実際
に打たれた投手の責任。
ここでは打者④の本塁打は、実際に打たれ
た丙の責任になる。
③の得点は責任が残っている中で先に登板
した甲の責任とする。

甲の失点 1
乙の失点 1
丙の失点 1

丙に対した「打者」と共に
併殺されていないため、甲
も乙も責任は減ぜられない。

## ▽前任投手が失策出塁の走者を残して交代した場合

(失＝失点、 自＝自責点、 ⊗＝チーム非自責点)

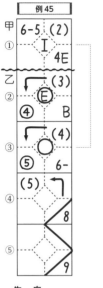

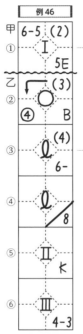

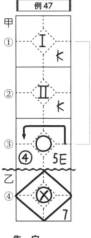

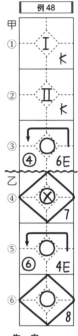

### 例45

　　　失　自
甲 1 － 0
乙 1 － 1

甲は失策出塁の①を残して交代。(失点の責任はあるが非自責点の要素)
①の身代わり③が甲の失点。

### 例46

　　　失　自
甲 1 － 0
乙 0 － 0

甲は残した走者の数(1人)だけ責任を負うので甲の失点になるが、失策出塁なので自責点とはしない。

※投手交代がなければ、②の得点は自責点である。

### 例47

　　　失　自
甲 1 － 0
乙 1 － 1 ⊗
(チーム非自責点)

③の失策がなければアウトの機会3度で、甲の失点は非自責点。
乙は二死からの登板なので、改めて一死を取らなければ責任を果たしたことにはならない。乙の失点は自責点となるが、チームとしての責任はないので、チーム自責点0。

### 例48

　　　失　自
甲 1 － 0
乙 3 － 1 ⊗
(チーム非自責点)

乙は二死からの登板なので④の本塁打は自責点。⑤の失策で責任を果たしたことになり以降は非自責点。
チームとしては③の失策でアウトの機会が3度となり、チーム自責点は「0」

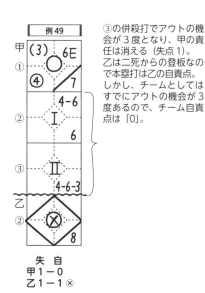

③の併殺打でアウトの機会が3度となり、甲の責任は消える（失点1）。
乙は二死からの登板なので本塁打は乙の自責点。
しかし、チームとしてはすでにアウトの機会が3度あるので、チーム自責点は「0」。

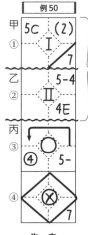

③の併殺打でアウトの機会が3度。
しかし、丙に対した打者と共に併殺されていないので、甲、乙の責任は減ぜられない。ただし、例外として本塁打は丙の責任になる（例44参照）。よって、甲と丙がそれぞれ失点「1」となる。
甲の失点はアウトの機会3度の後なので非自責点。丙は無死からの登板で、改めて三死を取らなければならず、本塁打は二死後なので丙の自責点となる。チームとしては全て非自責点。

失　自
甲 1 － 0
乙 1 － 1 ⊗

失　自
甲 1 － 0
乙 0 － 0
丙 1 － 1 ⊗

## ▽その他失策が記録された場合

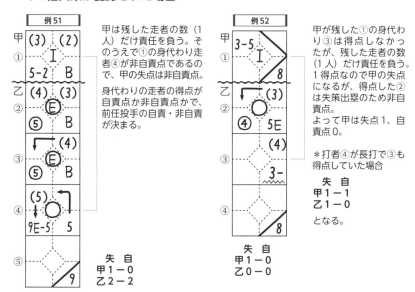

甲は残した走者の数（1人）だけ責任を負う。そのうえで①の身代わり走者④が非自責点であるので、甲の失点は非自責点。

身代わりの走者の得点が自責点か非自責点かで、前任投手の自責・非自責が決まる。

甲が残した①の身代わり③は得点しなかったが、残した走者の数（1人）だけ責任を負う。1得点なので甲の失点になるが、得点した②は失策出塁のため非自責点。
よって甲は失点1、自責点0。

＊打者④が長打で③も得点していた場合

失　自
甲 1 － 1
乙 1 － 0

となる。

失　自
甲 1 － 0
乙 2 － 2

失　自
甲 1 － 0
乙 0 － 0

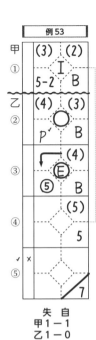

甲が残した走者①の
身代わり④は得点せ
ず。残した走者は四
球（自責の要素）で
出塁してるので、甲
の失点は自責点とな
る。

身代わりの走者が得
点していない場合は、
原則として残した走
者が自責の要素であ
れば自責点となる。

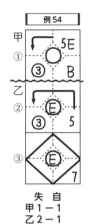

一見、甲の失点が非
自責点のように見え
るが、甲の残した走
者は四球（自責の要
素）であり、乙は②
を内野ゴロ失策に打
ち取っていることか
ら、乙の失点を非自
責点とする。

失　自
甲 1 － 1
乙 2 － 1

失　自
甲 1 － 1
乙 1 － 0

▽**前任投手が打者の打撃を完了させないで退いたときには、 次の要項に
よって各投手の責任を明らかにする。**

（1）投手が代わって出場し当時、ボールカウントが次のようなときで、その打者が四
　　球を得た場合には、前任投手の責任として記録する。

| ボール・・・・・ | 2 | 2 | 3 | 3 | 3 |
|---|---|---|---|---|---|
| | \| | \| | \| | \| | \| |
| ストライク・・・ | 0 | 1 | 0 | 1 | 2 |

※ 上記カウントであっても、打者が四球以外、すなわち安打、失策、野手選択、封殺、
　死球などで一塁に生きたときは救援投手の責任とする。
　（打者がアウトになったときも救援投手の責任）

（2）投手が代わって出場した当時、ボールカウントが次のような場合には、その打者
　　の行為はすべて救援投手の責任となる。

| ボール・・・・・ | 2 | 1 | 1 | 1 | 0 | 0 |
|---|---|---|---|---|---|---|
| | \| | \| | \| | \| | \| | \| |
| ストライク・・・ | 2 | 2 | 1 | 0 | 2 | 1 |

## 9.17　勝投手・負投手の決定

### 〔勝投手の決定方法〕

**(a)** ある投手の任務中に自チームがリードを奪い、しかもそのリードが最後まで保たれた場合はその投手に勝投手の記録が与えられる。

ただし、① 先発投手であれば、5回以上を投げていた場合。（注※）

② 救援投手であれば、1回以上を投げていた場合。

③ 救援投手の投球回が1回未満であれば、1失点以内（前任投手の残した走者も含め）に抑えていた場合。

※ ①の「先発投手であれば5回以上が必要」というのは、9回制の試合を前提としたもので、アマチュアでは1試合のイニングをあらかじめ7回制あるいは5回制として開催している団体もある。

全ての試合で「5回以上」にこだわる必要はなく、例えば7回制であれば「先発投手が4回以上を投げていた場合」、また5回制であれば「先発投手が3回以上投げていた場合」、と置き換えて勝投手を決定してもよい。

**注** 天候もしくは点差によりコールドゲームが宣せられた場合、勝チームの守備が5回（6回未満）の試合であれば、先発投手が4回投げていれば勝投手の記録を与える。（6回未満とは5回2/3までの試合）

**注** 投手が代打者または代走者と代わって退いた回に得点があった場合、その得点は退いた投手の任務中に得たものとする。

**(b)** 上記（a）以外（リードしたチームの先発投手が5回未満で降板など）で救援投手に勝ちの権利がある場合、救援投手が複数いれば、勝利をもたらすのに最も効果的な投球を行ったと記録員が判断した救援投手に勝投手の記録を与える。

「効果的な投球」の判断として、次の①→②の優先順位で考える。

① 投球回数＝投球回数が最も多い救援投手が、他の救援投手よりも1回以上多い場合は、その投手。

② 投球内容＝投球回数が同じかその差が1回未満のときは失点など考慮し決定する。

### 【負投手の決定方法】

**(a)** 自己の責任による失点が相手チームにリードを許し、相手チームが最後までそのリードを保ったとき、投球回数の多少にかかわらずその投手に負投手の記録を与える。

試合の途中どこででも同点になれば、勝投手・負投手の決定に関しては、そのときから新たに試合が始まったものとして扱う。

## 9.18　シャットアウト（無得点勝利）

　完投投手でなければ、シャットアウト（無得点勝利）の記録は与えられない。ただし、1回0アウト無失点のときに代わって出場した投手が、無失点のまま試合を終わりにした場合に限り、完投投手ではないが、シャットアウトの記録が与えられる。

## 9.19　救援投手のセーブの決定

　勝利チームの救援投手で最後のアウトを取り、次の各項目のいずれかに該当した場合、その投手にセーブの記録を与える。

(1) 自チームが3点リードのときに登板し、しかも最低1イニングを投げた場合。

(2) 登板したときの打者および次打者に連続で本塁打されれば、タイとなる状況のもとで出場してリードを守り切った場合。

(3) 最低3イニング投球した場合。

## 9.21　率の決定

この項では、主な率の算出方法を紹介する。

① **勝率　＝　勝試合数／勝試合数＋敗試合数**

② **打率　＝　安打数／打数**

　※打数とは、打撃を完了した回数で、犠打・犠飛・四球・死球および妨害によって一塁を得た場合は算入しない。

③ **長打率　＝　塁打数／打数**

　※塁打数は単打を1、二塁打を2、三塁打を3、本塁打を4とし自ら得た塁数の合計である。たとえば、1試合で2安打し2本とも単打であればその試合の塁打数は「2」。また二塁打と本塁打であればその試合の塁打数は「6」となる。

④ **出塁率　＝　安打＋四球＋死球／打数＋四球＋死球＋犠飛**

　※出塁率の算出にあたって、妨害による出塁は除く。

⑤ **守備率　＝　刺殺＋補殺／刺殺＋補殺＋失策**

⑥ **防御率　＝　自責点×9／投球回数**

　※アウト一つを3分の1回とする。

　（例）投球回 $9\frac{1}{3}$ 回、自責点3の場合、防御率は $3 \times 9 \div 9\frac{1}{3} = 2.89$

## 投球数の解釈

　近年、投手の障害予防としてさまざまな大会で「球数制限」のルールが導入されるようになってきた。球数とは文字通り投手が打者に対して実際に投球した数のことであるが、たとえばボークが宣告されたとき、あるいは規則で「**ボール**」が宣告されたときなどに、その投球を球数に含めるか、含めないか、までは規則書に明記されていない。そこでBFJでは投球数についての解釈を明確にすることにした。

　「球数制限」は障害予防のための重要なルールであるため、運用の際には是非参考にしてもらいたい。なお、表の①、②、③（走者ありでボークのとき）と⑧（カウントの誤りを遡って訂正）を除き、打者に投球した場合には投球数とするのが原則である。

### (a)　走者がいればボークになる場合　　　　　（投球数に○含む、　×含まない）

| | | 走者あり | 走者なし | | |
|---|---|---|---|---|---|
| ① | 反則投球<br>(1) 投手板に触れずに投球した<br>(2) クイックピッチをした | | 「**ボール**」とカウントされる<br>（実際に投げているので） | | ○ |
| ② | 正規の投球動作に違反（投球動作中に一時停止した） | ボーク<br>（※2）<br>× | 違反しながら投球した | 「**ボール**」 | ○ |
| | | | 途中でやめる | ノーカウント | × |
| ③ | 投球動作中にボールを落とし、ファウルラインを越えなかった（※1） | | ノーカウント | | × |

（※1）ファウルラインを越えた場合は投球となり、ストライクゾーンを通過してないので「**ボール**」（投球数に含む）

（※2）ボークが宣告された時点で、投球ではなく送球と考えるので投球数に含まない
　　　　ただし、次の場合は投球数に含む。
　　　　　ボークにもかかわらず打者が安打、失策、四死球、その他（振り逃げなど）で一塁に達し、かつ、他の全ての走者が少なくとも１個の塁を進んだときはボークに関係なくプレイは続く。この場合ボークはなかったことになるので投球数に含む。

### (b)　規則違反で「ストライク」もしくは「ボール」が宣告された場合

| | | | | |
|---|---|---|---|---|
| ④ | 打者がバッターボックス内で打撃姿勢をとろうとしなかった場合、「ストライク」を宣告する 5.04 (b)（3） | 投球させずに「ストライク」を宣告 | | × |
| ⑤ | 塁に走者がいないとき投手が12秒以内に投球しなければ、「**ボール**」を宣告する 5.07 (c) | 12秒を超えて投球した | 「**ボール**」 | ○ |
| | | 投球しなかった | | × |

## (c)　その他

| | | | |
|---|---|---|---|
| ⑥ | 打撃妨害出塁 | ○ | 実際に投げているので |
| ⑦ | 申告制の故意四球 | × | ただし、申告までに投球していたものは投球数に含む |
| ⑧ | 投球カウントの誤りを、遡って訂正（三振もしくは四球に気付かず投球を続けても、次打者に1球を投じる前であれば、三振もしくは四球に訂正できる） | × | 実際に投げてはいるが、遡って訂正しているのでその間の投球はなかったことになる。 |

## (d)　ボークと悪送球

① ボークの投球にもかかわらず、打者は三振・振り逃げ（暴投または捕逸）。打者、走者ともに1個以上進塁すればボークはなかったことになるので投球数に含む。

② ボークしながらの投球が暴投または捕逸となったときに、走者が2個以上進塁したときは「ボーク＋投手失策または捕手失策」となる。なぜなら、ボークの時点で投球ではなく送球となるため暴投は悪送球に、捕逸は捕球ミスになるからである。このときいずれも投球数に含まない。

（参考：ボークしながらのけん制が悪送球となり、走者が2個以上進塁したときには「ボーク＋投手失策」となる。）

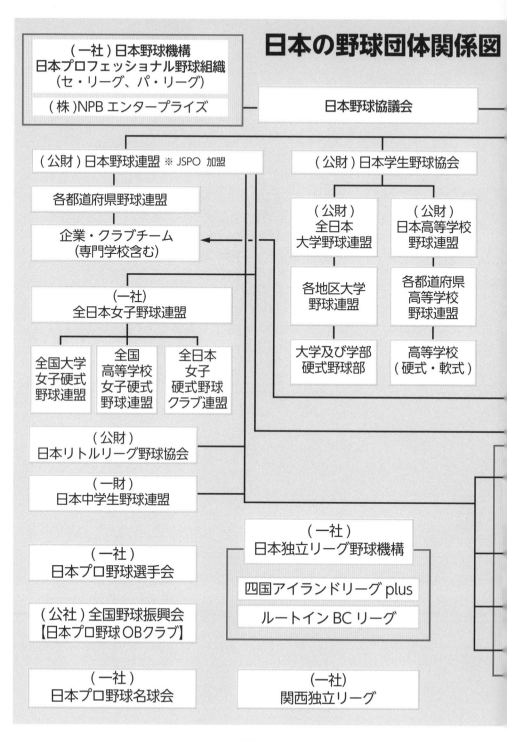

# 日本の野球団体関係図

（一社）日本野球機構
日本プロフェッショナル野球組織
（セ・リーグ、パ・リーグ）

（株）NPB エンタープライズ

日本野球協議会

（公財）日本野球連盟 ※ JSPO 加盟

各都道府県野球連盟

企業・クラブチーム
（専門学校含む）

（一社）
全日本女子野球連盟

全国大学
女子硬式
野球連盟

全国
高等学校
女子硬式
野球連盟

全日本
女子
硬式野球
クラブ連盟

（公財）
日本リトルリーグ野球協会

（一財）
日本中学生野球連盟

（一社）
日本プロ野球選手会

（公社）全国野球振興会
【日本プロ野球OBクラブ】

（一社）
日本プロ野球名球会

（公財）日本学生野球協会

（公財）
全日本
大学野球連盟

（公財）
日本高等学校
野球連盟

各地区大学
野球連盟

各都道府県
高等学校
野球連盟

大学及び学部
硬式野球部

高等学校
（硬式・軟式）

（一社）
日本独立リーグ野球機構

四国アイランドリーグ plus

ルートイン BC リーグ

（一社）
関西独立リーグ

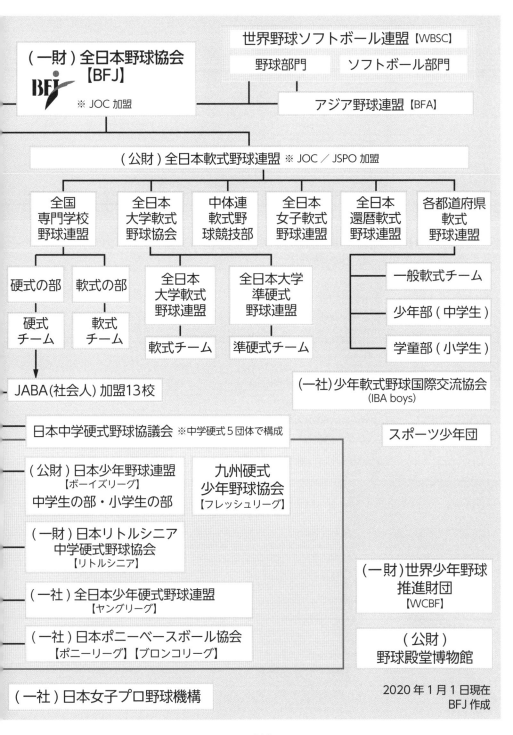

世界野球ソフトボール連盟【WBSC】

| 野球部門 | ソフトボール部門 |

アジア野球連盟【BFA】

（一財）全日本野球協会【BFJ】
BFJ
※ JOC 加盟

（公財）全日本軟式野球連盟 ※ JOC／JSPO 加盟

| 全国専門学校野球連盟 | 全日本大学軟式野球協会 | 中体連軟式野球競技部 | 全日本女子軟式野球連盟 | 全日本還暦軟式野球連盟 | 各都道府県軟式野球連盟 |

| 硬式の部 | 軟式の部 |

| 硬式チーム | 軟式チーム |

| 全日本大学軟式野球連盟 | 全日本大学準硬式野球連盟 |

| 軟式チーム | 準硬式チーム |

一般軟式チーム

少年部（中学生）

学童部（小学生）

JABA(社会人) 加盟13校

（一社）少年軟式野球国際交流協会（IBA boys）

日本中学硬式野球協議会 ※中学硬式5団体で構成

スポーツ少年団

（公財）日本少年野球連盟【ボーイズリーグ】中学生の部・小学生の部

九州硬式少年野球協会【フレッシュリーグ】

（一財）日本リトルシニア中学硬式野球協会【リトルシニア】

（一社）全日本少年硬式野球連盟【ヤングリーグ】

（一財）世界少年野球推進財団【WCBF】

（一社）日本ポニーベースボール協会【ポニーリーグ】【ブロンコリーグ】

（公財）野球殿堂博物館

（一社）日本女子プロ野球機構

2020 年 1 月 1 日現在
BFJ 作成

# 野球スコアのつけ方 完全マニュアル

2020 年 4 月 1 日　第 1 版第 1 刷発行
2024 年 6 月30日　第 1 版第 4 刷発行

編集責任者　一般財団法人　全日本野球協会　アマチュア野球規則委員会
監　修　者　日本野球協議会　オペレーション委員会　記録部会
発　行　人　池田哲雄
発　行　所　株式会社ベースボール・マガジン社
　　　　　　〒103-8482　東京都中央区日本橋浜町 2-61-9　TIE 浜町ビル
　　　　　　電話 03-5643-3930（販売部）
　　　　　　　　　03-5643-3885（出版部）
　　　　　　振替 00180-6-46620
　　　　　　https://www.bbm-japan.com/

装丁・デザイン　BBM アカデミー制作部
イラスト　横山英史
印刷・製本　大日本印刷株式会社
© 一般財団法人　全日本野球協会
Printed in Japan
ISBN978-4-583-11264-0　C2075